Marketing digital y dirección de *ecommerce*

Integración de las estrategias digitales

Madrid, 2025

María Luisa Solé Moro
Jordi Campo Fernández

Marketing digital y dirección de *ecommerce*

Integración de las estrategias digitales

2.ª edición

Primera edición: septiembre, 2020
Segunda edición: septiembre, 2025

Marketing digital y dirección de ecommerce: Integración de las estrategias digitales, 2.ª edición
María Luisa Solé Moro y Jordi Campo Fernández

© 2025, ESIC EDITORIAL
Avda. de Valdenigriales, s/n
28223 Pozuelo de Alarcón (Madrid)
Tel.: 91 452 41 00
www.esic.edu/editorial
@EsicEditorial

ISBN: 978-84-1192-199-2
Depósito Legal: M-17183-2025

Nota: los cargos de los entrevistados corresponden a la fecha en la que fueron
entrevistados y pueden variar en un futuro.

Diseño de cubierta: Zita Moreno Puig
Maquetación: Santiago Díez Escribano
Lectura: Myriam Mieres
Impresión: Gráficas Dehon

Una publicación de

Impreso en España – *Printed in Spain*

Este libro ha sido impreso con tinta ecológica y papel sostenible.

Índice

Capítulo 1

Introducción al marketing digital

1.1. Introducción al entorno digital, conceptos y fundamentos del marketing digital

Ser digital es mucho más que simplemente estar presente en Internet. Implica aprovechar los medios digitales en su totalidad para mejorar procesos, conectar con consumidores y maximizar el valor a través de tecnologías avanzadas. El marketing digital hace referencia a la promoción de productos o marcas a través de canales digitales como Internet, redes sociales y dispositivos móviles, pero ha evolucionado profundamente gracias a herramientas como la inteligencia artificial (IA). Esta tecnología ha permitido automatizar y personalizar las interacciones de manera mucho más eficiente y efectiva.

1.1.1. Motivos para invertir en el sector digital

- *Búsqueda de información.* Los consumidores utilizan Internet para buscar información sobre productos, leer reseñas y comparar precios antes de tomar una decisión de compra. Las empresas deben estar preparadas para responder a estas búsquedas, asegurando que sus productos sean visibles y relevantes en los motores de búsqueda.

- *Comunicación.* La comunicación a través de canales digitales (correo electrónico, redes sociales, mensajería instantánea) es esencial para interactuar con los consumidores. Con el tiempo, esta comunicación se ha vuelto cada vez más personalizada y en tiempo real, lo que mejora la experiencia del cliente y fortalece la relación con la marca.

- *La digitalización.* Este proceso de transformación afecta todos los aspectos del negocio. La digitalización permite a las empresas ampliar su alcance y mejorar sus operaciones, optimizando la experiencia del cliente, el marketing y la logística.

- *El público objetivo está en Internet.* En la actualidad, la mayoría de los consumidores interactúan con las marcas en plataformas digitales. El marketing digital permite segmentar a estos consumidores de manera eficiente, dirigiendo mensajes específicos a públicos concretos.

1.1.2. Características de los programas de marketing digital

- *Son sistemas de marketing.* Un programa de marketing digital no se limita solo a la publicidad, sino que es un sistema completo que incluye la identificación de mercados, la generación de demanda y la creación de relaciones a largo plazo con los consumidores.

- *Establecen comunicación con el mercado.* Los programas de marketing digital permiten que las marcas se comuniquen directamente con su público objetivo mediante una variedad de canales, ya sea a través de contenido en blogs, redes sociales o correos electrónicos.

- *Retroalimentación medible.* A diferencia del marketing tradicional, el marketing digital permite medir con precisión las respuestas de los consumidores a las campañas, ya sea a través de métricas como el tráfico web, las interacciones en redes sociales o las conversiones a ventas.

1.1.3. Conceptos del marketing digital

- *Marketing one to one.* Este concepto se refiere a la personalización de la oferta de manera individual, basándose en el análisis del comportamiento del consumidor. La tecnología, como los sistemas de recomendación de Amazon o Netflix, permite que cada usuario reciba mensajes, recomendaciones y ofertas personalizadas según su historial de interacción con la marca (Figura 1.1).

Figura 1.1. Marketing *one to one*

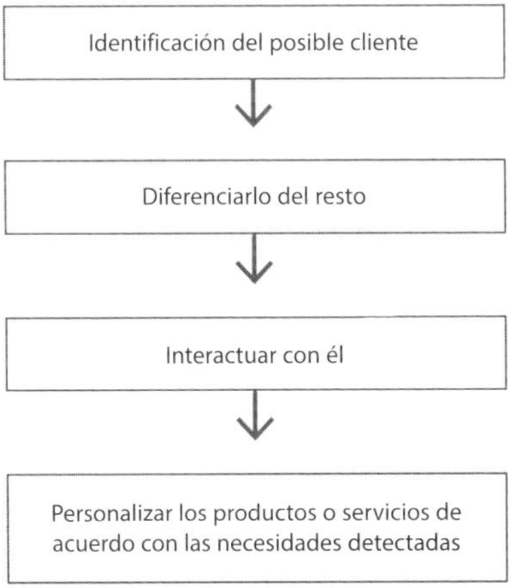

```
┌─────────────────────────────────────┐
│   Identificación del posible cliente │
└─────────────────────────────────────┘
                  ↓
┌─────────────────────────────────────┐
│         Diferenciarlo del resto      │
└─────────────────────────────────────┘
                  ↓
┌─────────────────────────────────────┐
│           Interactuar con él         │
└─────────────────────────────────────┘
                  ↓
┌─────────────────────────────────────┐
│ Personalizar los productos o servicios de │
│  acuerdo con las necesidades detectadas  │
└─────────────────────────────────────┘
```

Fuente: Elaboración propia.

- *Permission marketing.* Se refiere a la estrategia de marketing que envía mensajes solo a aquellos consumidores que han dado su consentimiento explícito para recibir información. Este enfoque permite construir una relación de confianza, ya que el consumidor tiene control sobre las comunicaciones que recibe.

- *Fidelización en la red.* La fidelización se refiere a las estrategias utilizadas para mantener a los clientes satisfechos y comprometidos con una marca. En el entorno digital, esto se logra mediante la creación de experiencias personalizadas y la oferta de contenido relevante.

1.1.4. Estrategias de fidelización en la red

- *Marketing de atracción (inbound marketing).* El *inbound marketing* se basa en atraer a los consumidores hacia la marca a través de contenido útil y valioso, como blogs, vídeos o *ebooks*. A diferencia del marketing tradicional, que interrumpe al consumidor, el *inbound* se enfoca en generar interés de manera orgánica.

* *Marketing de retención.* El marketing de retención tiene como objetivo mantener a los clientes satisfechos y comprometidos con la marca durante un largo periodo de tiempo. Esto se logra al ofrecerles valor continuo a través de productos, servicios y experiencias personalizadas.

ESTRATEGIA DE RETENCIÓN DE AMAZON PRIME

Amazon ofrece un servicio que utiliza un conjunto de estrategias de retención diseñadas para fidelizar a los clientes y mantenerlos dentro del ecosistema de Amazon. A continuación, se detallan las claves de su éxito:

Figura 1.2. Estrategia de retención de Amazon Prime

Fuente: Minyana, L. (2023).

* *Propuesta de valor integrada.* Prime ofrece beneficios como envíos rápidos y gratuitos, acceso a Prime Video, Prime Music y Prime Reading, creando una experiencia que satisface múltiples necesidades del cliente dentro de un solo servicio.

* *Prueba gratuita para captación.* Un periodo de prueba de 30 días reduce la barrera de entrada, permitiendo a los usuarios experimentar el valor del servicio antes de comprometerse con una suscripción de pago.

* *Recompensas exclusivas.* Los miembros de Prime disfrutan de privilegios como acceso anticipado a ofertas, promociones exclusivas y eventos

especiales como el Prime Day, generando una sensación de pertenencia a un grupo privilegiado.

- *Ecosistema cerrado.* Al integrar compras, entretenimiento y lectura en un solo paquete, Amazon Prime reduce las probabilidades de que los clientes busquen servicios alternativos fuera de la plataforma.

- *Personalización basada en datos.* Amazon utiliza datos de comportamiento del cliente para enviar recomendaciones y ofertas personalizadas, reforzando el vínculo entre la marca y el usuario.

- *Resultados.* Esta estrategia de retención ha permitido a Amazon Prime construir una base de clientes fieles que realizan compras frecuentes, valoran los beneficios exclusivos y encuentran difícil abandonar el servicio debido al coste percibido de perder múltiples ventajas.

- Amazon Prime es un caso ejemplar de cómo combinar valor, exclusividad y personalización para crear una relación duradera con los clientes.

Figura 1.3. Logotipo de Amazon Prime

Fuente: amazon.es.

- *Marketing de recomendación.* El marketing de recomendación se basa en convertir a los clientes en promotores de una marca, alentándolos a compartir sus experiencias positivas con amigos, familiares y conocidos. Este enfoque aprovecha el poder de la influencia personal, que suele ser más efectiva que la publicidad tradicional. Las redes sociales han potenciado este proceso, permitiendo que las recomendaciones se difundan masivamente en poco tiempo.

Una herramienta clave en esta estrategia es el Net Promoter Score (NPS), que mide la probabilidad de que los clientes recomienden un producto o servicio. El NPS clasifica a los clientes en tres grupos:

- *Promotores (puntajes de 9-10)*. Personas altamente satisfechas que recomiendan activamente la marca.
- *Pasivos (7-8)*. Clientes satisfechos, pero menos propensos a recomendar.
- *Detractores (0-6)*. Clientes insatisfechos que podrían dañar la reputación de la marca.

TRIPADVISOR Y EL PODER DE LA RECOMENDACIÓN

TripAdvisor es un ejemplo sobresaliente de marketing de recomendación impulsado por el NPS y las experiencias de los usuarios. Esta plataforma ha construido su éxito en torno a las reseñas y calificaciones de viajeros, quienes se convierten en promotores al compartir recomendaciones sobre hoteles, restaurantes, actividades y destinos.

Estrategias clave de TripAdvisor

- *Fomento de reseñas positivas*. TripAdvisor solicita a los usuarios que dejen reseñas después de cada visita o experiencia. Al aprovechar el momento en que los viajeros están más satisfechos (justo después de su viaje), logra captar a los promotores con mayor facilidad.

- *Visibilidad de las recomendaciones*. Las calificaciones y los comentarios positivos aparecen destacados en los perfiles de negocios, atrayendo a nuevos clientes y reforzando la confianza de los usuarios en la plataforma.

- *Incentivos emocionales y sociales*. TripAdvisor aprovecha el deseo de los usuarios de compartir sus experiencias para ser reconocidos como expertos en viajes. El sistema de medallas y contribuciones crea un sentido de logro y pertenencia.

- *Redes sociales y viralidad*. Las recomendaciones y reseñas se pueden compartir fácilmente en redes sociales, ampliando el alcance de las opiniones de los promotores y generando confianza en nuevos usuarios.

Figura 1.4. Tripadvisor

Fuente: tripadvisor.es.

1.1.5. Publicidad en Internet

La publicidad en Internet ha evolucionado con el tiempo, y ahora existen muchos formatos que las marcas pueden usar para llegar a su público objetivo. Algunos de los más comunes son:

- *Banners.* Son anuncios gráficos que se colocan en páginas web. Pueden ser estáticos o animados y suelen ocupar un espacio en la parte superior, lateral o inferior de la página.

- *Pop-ups.* Son ventanas emergentes que aparecen cuando un usuario visita un sitio web. Aunque son eficaces, suelen ser intrusivas, por lo que algunas personas optan por instalar bloqueadores de anuncios para evitarlas.

- *Publicidad programática.* La publicidad programática es un tipo de publicidad automatizada que utiliza algoritmos para colocar anuncios en tiempo real según el comportamiento del usuario. Este tipo de publicidad ha ganado popularidad gracias a su capacidad para optimizar el alcance y la relevancia de los anuncios.

- *Layers.* Son anuncios que aparecen superpuestos al contenido del sitio web. Los usuarios deben interactuar con ellos (cerrarlos o desplazarlos) para seguir navegando. Este formato es llamativo y puede ser muy efectivo, aunque debe usarse con moderación para evitar ser intrusivo.

- *Rascacielos o skyscrapers.* Son anuncios en formato vertical, generalmente colocados en los laterales de las páginas web. Debido a su tamaño alargado, tienen alta visibilidad y suelen usarse para campañas que buscan impacto visual.

- *Espónsor o patrocinio.* Consiste en asociar un contenido, página o sección específica de un sitio web con una marca. Por ejemplo, una sección de noticias deportivas patrocinada por una marca de ropa deportiva.

- *Interstitials o cortinillas.* Son anuncios de pantalla completa que aparecen entre dos páginas de un sitio web, normalmente durante la transición de una a otra. Aunque pueden ser efectivos, deben diseñarse cuidadosamente para no interrumpir en exceso la experiencia del usuario.

- *Vídeos publicitarios.* Los anuncios en vídeo son muy populares, especialmente en plataformas como YouTube o redes sociales. Pueden aparecer como *pre-roll* (antes de un vídeo), *mid-roll* (durante el vídeo) o *post-roll* (después del vídeo). Son efectivos porque combinan elementos visuales, auditivos y narrativos.

- *Robapáginas.* Este formato es un anuncio rectangular que aparece integrado dentro del contenido principal de una página web. Tiene alta visibilidad y suele ser menos intrusivo que otros formatos como los *pop-ups* o *interstitials.*

1.1.6. Marketing viral y *buzz marketing*

El marketing viral y el *buzz marketing* son estrategias diseñadas para generar gran impacto y difusión en poco tiempo. Aunque están relacionadas, cada una tiene un enfoque distinto: el marketing viral busca que el contenido se comparta masivamente de forma orgánica, mientras que el *buzz marketing* genera conversación y atención inicial con tácticas impactantes o disruptivas. Ambas estrategias aprovechan las redes sociales, la creatividad y las emociones para captar la atención de grandes audiencias.

Marketing viral

El marketing viral se basa en la creación de contenido tan atractivo, emotivo o relevante que los usuarios se sienten motivados a compartirlo espontáneamente, lo que amplifica su alcance de forma masiva. La clave está en generar una reacción emocional que lleve a los usuarios a convertirse en promotores del mensaje.

- Características principales:
  - *Propagación orgánica.* El contenido se comparte de persona a persona sin necesidad de una promoción constante por parte de la marca.

- *Uso de emociones y tendencias.* Humor, sorpresa, nostalgia o curiosidad son elementos clave para conectar con el público.
- *Dependencia de las redes sociales.* Plataformas como TikTok, Instagram o Twitter (actual X) son fundamentales para que el contenido alcance una audiencia global.

- Ejemplos recientes:

  - *Cambio en la forma de los Doritos (2025).* Para promocionar la película *Minecraft*, Doritos lanzó una edición limitada con una nueva forma cuadrada en lugar de su clásico triángulo. Los consumidores podían ganar un premio de 10.000 libras al encontrar uno de estos doritos especiales. La curiosidad y el atractivo visual hicieron que esta campaña se viralizara rápidamente en redes sociales.
  - *Tarta Happy Hippo de Álex Cordobés (2025).* El reconocido pastelero español Alex Cordobés creó una tarta con sabor a Happy Hippo, generando miles de publicaciones en TikTok y atrayendo multitudes a su pastelería en Madrid. Este caso destaca cómo un producto inesperado puede capturar la imaginación del público y viralizarse.

Buzz marketing

El *buzz marketing,* en cambio, se centra en generar ruido o una conversación inicial a través de tácticas sorprendentes, inusuales o controvertidas. El objetivo es captar la atención del público desde el principio, motivándolo a hablar de la marca tanto en redes sociales como en medios tradicionales.

- Características principales:

  - *Impacto inicial.* Se busca sorprender o provocar una reacción que motive la conversación.
  - *Acciones disruptivas o eventos inesperados.* Desde campañas *teaser* hasta intervenciones en vivo, todo está diseñado para captar la atención de forma inmediata.

- *Control inicial por parte de la marca*. La marca diseña la acción, pero el alcance puede depender de la respuesta del público.

- Ejemplos recientes:

  - *Evento de KFC y Netflix con Ibai Llanos (2025)*. Para promocionar el estreno de una nueva temporada de *El juego del calamar*, KFC y Netflix organizaron un evento en Madrid en colaboración con el *streamer* Ibai Llanos. La iniciativa reunió a más de 400 concursantes en vivo y 170.000 espectadores *online* y logró un aumento del 125% en las ventas de KFC en los días siguientes.

  - *Charanga sorpresa en Mercadona (2025)*. Una orquesta apareció inesperadamente en un supermercado Mercadona en Valencia y sorprendió a los clientes con música en directo. Este evento espontáneo fue grabado por los clientes: acumuló más de 200.000 «me gusta» en TikTok y generó conversación en redes sociales. Aunque no está claro si fue una acción oficial, capturó la atención del público y los medios.

1.1.7. Posicionamiento en buscadores

En el entorno digital, las empresas buscan posicionarse adecuadamente en los motores de búsqueda para que sus productos o servicios sean visibles para los consumidores. Estar bien posicionado significa aparecer entre los primeros resultados que ofrecen los buscadores como Google, Bing o Yahoo, ya que la mayoría de los usuarios tienden a hacer clic solo en los primeros enlaces que encuentran. Esto es crucial para aumentar el tráfico hacia la página web de la empresa y atraer nuevos clientes.

¿Por qué es importante estar bien posicionado?: El posicionamiento en buscadores es esencial porque constituye el principal canal a través del cual los nuevos usuarios descubren una página web. Un buen posicionamiento ayuda a generar visibilidad y atraer tráfico de calidad a un sitio web, lo que puede traducirse en más conversiones, ventas y, por tanto, en el crecimiento del negocio.

Cuando se trata de marketing en buscadores, existen dos principales estrategias: SEO (*search engine optimization*) y SEM (*search engine marketing*).

SEO (search engine optimization)

El SEO es el conjunto de técnicas y estrategias utilizadas para mejorar la posición de un sitio web en los resultados orgánicos (no pagados) de los motores de búsqueda. El objetivo del SEO es optimizar el contenido, la estructura y el código del sitio web para que sea más fácilmente indexado y clasificado por los motores de búsqueda como Google.

- *Técnicas de SEO.* Incluyen la investigación y el uso de palabras clave relevantes (*keywords*), la optimización del contenido para que sea de calidad y útil para los usuarios, la mejora de la velocidad de carga del sitio web, la optimización para dispositivos móviles y el uso de enlaces internos y externos (*backlinks*) para mejorar la autoridad del sitio web.

- *SEO on-page y off-page.* El SEO *on-page* se refiere a todas las acciones que se pueden realizar dentro de la propia página web para mejorar su posicionamiento, como la optimización de títulos, descripciones y contenido. El SEO off-page, por otro lado, está relacionado con las acciones externas al sitio web, como la generación de enlaces (*backlinks*) desde otros sitios web relevantes.

- *Impacto de la IA en el SEO.* Los motores de búsqueda, como Google, ahora utilizan algoritmos basados en inteligencia artificial para comprender mejor la intención del usuario que está detrás de las búsquedas. Esto significa que el SEO ya no solo se basa en palabras clave, sino en la calidad del contenido y su relevancia para la búsqueda del usuario. Google RankBrain, por ejemplo, es un algoritmo basado en IA que ayuda a Google a comprender las consultas complejas y a ofrecer resultados más relevantes.

SEM (search engine marketing)

El SEM implica la gestión de enlaces patrocinados en buscadores, como Google Ads o Bing Ads. Estos anuncios son de pago por clic (PPC), lo que significa que los anunciantes pagan solo cuando un usuario hace clic en su anuncio.

- *Anuncios pagados.* Los anuncios SEM suelen aparecer en la parte superior o inferior de los resultados de búsqueda, etiquetados como «Anuncio» o «Publicidad». Los anuncios SEM son una forma de publicidad de pago que permite a las empresas alcanzar una audiencia más amplia de manera inmediata.

- *Campañas de PPC.* Las campañas de SEM funcionan mediante una subasta en la que los anunciantes pujan por las palabras clave relevantes para su negocio. Cuanto mayor sea la puja y la calidad del anuncio, más probable será que se muestre en los primeros resultados.

- *Impacto de la IA en el SEM.* Las plataformas de publicidad como Google Ads utilizan algoritmos de IA para optimizar las campañas publicitarias. Estos algoritmos aprenden de los datos de las campañas pasadas y ajustan las ofertas y la segmentación en tiempo real para maximizar el retorno de inversión (ROI). Además, la IA ayuda a crear anuncios más efectivos al analizar patrones de comportamiento de los usuarios y predecir qué tipo de anuncios tienen más probabilidades de generar clics.

1.1.8. Redes sociales

Las redes sociales han transformado profundamente la manera en que las personas se comunican y cómo las marcas interactúan con los consumidores. A lo largo de los años, plataformas como

Facebook, Instagram, X (antes Twitter), LinkedIn y, más reciente-mente, TikTok han ofrecido a las marcas nuevas oportunidades para llegar a audiencias globales.

¿Por qué estar en las redes sociales?

Las redes sociales ofrecen numerosas ventajas para las empresas, entre las que se incluyen:

- *Gran potencial de crecimiento.* Las redes sociales tienen una enorme base de usuarios a nivel global, lo que permite a las empresas alcanzar a nuevos públicos y expandir su marca.

- *Resultados inmediatos.* A diferencia de otras estrategias de mar-keting, las redes sociales ofrecen resultados casi instantáneos. Las campañas pueden volverse virales rápidamente y generar una gran cantidad de interacciones en poco tiempo.

- *Facilitan la segmentación.* Las plataformas sociales permiten segmentar a las audiencias según sus intereses, ubicación geográfica, edad, género, comportamiento y muchos otros factores. Esto permite a las marcas crear campañas dirigidas y personalizadas.

- *Contenido creativo.* Las redes sociales permiten a las marcas crear contenido visual y creativo que atrae a los consumidores. Los vídeos, las imágenes y las publicaciones interactivas son formas efectivas de captar la atención y generar *engagement*.

- *Potencian la comunicación.* Las redes sociales permiten tener una comunicación bidireccional. Las empresas pueden inte-ractuar directamente con sus clientes, responder a preguntas, manejar quejas y construir relaciones más cercanas.

- *Gran cobertura social.* Las redes sociales tienen un alcance masivo. Además, la naturaleza viral de estas plataformas puede ayudar a las empresas a aumentar su visibilidad rápidamente.

- *Elevado ROI.* Las campañas bien segmentadas en redes sociales pueden tener un alto retorno de inversión (ROI), ya que se puede llegar a audiencias muy específicas con una inversión relativamente baja.

- *Potencia la marca.* Al estar presentes en plataformas populares, las empresas pueden mejorar el reconocimiento de su marca y construir una comunidad leal de seguidores.

- *Cobertura universal.* Las redes sociales permiten que las marcas lleguen a audiencias internacionales, lo que les da la oportunidad de expandirse globalmente.

Plataformas principales

- *Facebook e Instagram.* Son dos de las plataformas más populares para la publicidad, con herramientas para segmentar audiencias con una precisión impresionante. El uso de Instagram Stories y Facebook Ads permite a las marcas crear anuncios visualmente atractivos y efectivos.

- X (antes *Twitter*). Es ideal para campañas de publicidad rápida y de respuesta inmediata, con un enfoque en la interacción directa con los consumidores.

- *LinkedIn.* Es la plataforma más efectiva para negocios B2B, ya que las empresas pueden conectarse con profesionales y otras empresas.

- *TikTok.* Esta red social ha ganado popularidad entre los jóvenes y destaca por su enfoque en contenido creativo y auténtico. Las marcas están empezando a utilizarla para generar contenido viral y llegar a una audiencia más joven.

Impacto de la IA en redes sociales

La inteligencia artificial (IA) está transformando las redes sociales al optimizar tanto la experiencia de los usuarios como la eficacia de las estrategias publicitarias de las marcas. Su impacto se manifiesta en diversas áreas clave:

- *Publicidad personalizada.* La IA analiza grandes volúmenes de datos sobre los usuarios, como sus interacciones, intereses, búsquedas y comportamiento *online*. Esto permite a las plataformas crear perfiles detallados que ayudan a personalizar los anuncios de forma precisa. Ejemplos de uso:

- *Facebook e Instagram*. Utilizan sistemas de recomendación basados en IA para mostrar anuncios en los *feeds* y las historias que coinciden con las preferencias y los comportamientos individuales de los usuarios.
- *TikTok*. Su algoritmo, impulsado por IA, personaliza la sección *For You* para mostrar contenido relevante, incluyendo publicidad, con base en los vídeos que el usuario ha visto y con los que ha interactuado.

• *Análisis de sentimientos*. Las marcas utilizan herramientas de IA para analizar los sentimientos que hay detrás de los comentarios, las publicaciones y los mensajes de los usuarios. Esto les permite entender cómo perciben los consumidores sus productos o campañas y ajustar las estrategias en tiempo real.

Por ejemplo, una marca que lanza un nuevo producto puede usar análisis de sentimientos para identificar si los comentarios en redes sociales son positivos, neutrales o negativos, y responder de manera adecuada para gestionar la percepción pública.

• *Generación de contenido automatizado*. La IA también se utiliza para generar contenido relevante de manera automática, como textos, imágenes y vídeos. Herramientas avanzadas pueden crear publicaciones atractivas que mantienen la coherencia del mensaje de la marca. Por ejemplo:

- *Chatbots y asistentes virtuales*. Muchas empresas utilizan IA para responder preguntas frecuentes o interactuar con los clientes a través de mensajes en redes sociales como Messenger o WhatsApp.
- *Generación de copy publicitario*. Plataformas como Jasper o Copy.ai ayudan a las marcas a redactar textos creativos para anuncios y publicaciones en redes sociales.

- *Optimización del timing y la distribución.* La IA identifica el mejor momento para publicar contenido y los canales más efectivos para alcanzar a la audiencia objetivo. Los algoritmos evalúan factores como la hora del día, el historial de interacciones y las tendencias actuales para maximizar el impacto de las publicaciones.

  Por ejemplo, herramientas como Hootsuite o Buffer, impulsadas por IA, recomiendan horarios específicos para publicar contenido en función de los datos históricos de interacción.

- *Realidad aumentada y filtros personalizados.* La integración de IA con realidad aumentada (AR) está redefiniendo cómo las marcas interactúan con los consumidores en redes sociales. Los filtros personalizados y las experiencias interactivas impulsados por IA no solo aumentan la participación, sino que también permiten a los usuarios interactuar con los productos virtualmente.

  Por ejemplo, Snapchat e Instagram ofrecen filtros de realidad aumentada que las marcas utilizan para promocionar productos, como probar maquillaje, gafas o ropa virtualmente.

- *Moderación de contenido automatizada.* La IA ayuda a moderar contenido en tiempo real, detectando publicaciones inapropiadas, comentarios ofensivos o *spam*. Esto garantiza un entorno más seguro para los usuarios y protege la reputación de las marcas.

  Por ejemplo, YouTube utiliza IA para identificar contenido que infringe sus políticas y eliminarlo antes de que se difunda ampliamente.

- *Influencers virtuales.* Los influencers creados por IA, como Lil Miquela o Shudu, están revolucionando las estrategias de marketing en redes sociales. Estas figuras digitales cuentan con millones de seguidores y colaboran con marcas para promocionar productos de manera innovadora.

Por ejemplo, Lil Miquela, una *influencer* virtual, ha trabajado con marcas como Calvin Klein y Prada, generando impacto global sin ser una persona real (Figura 1.5).

Figura 1.5. Cuenta de instagram de Lil Miquela

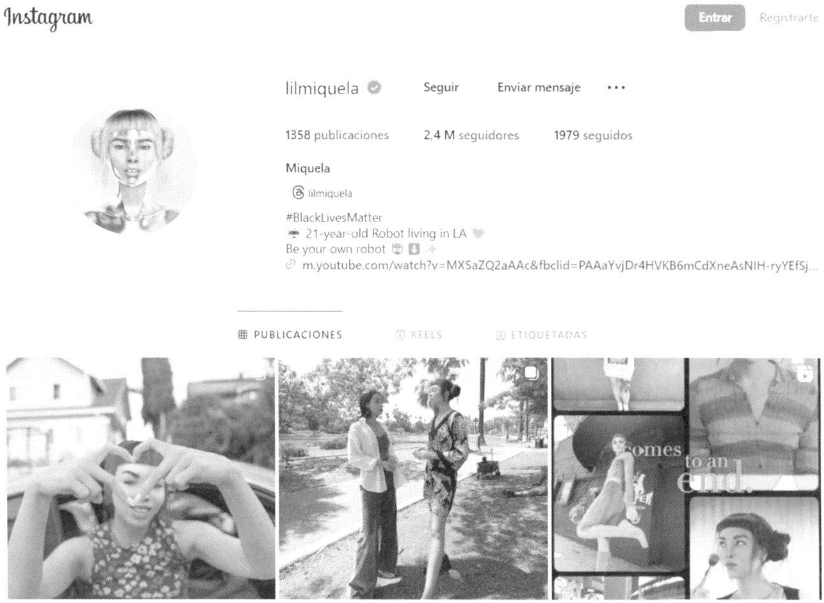

Fuente: @lilmiquela en Instagram.com.

1.2. El papel del marketing dentro de la estrategia empresarial

En la actualidad, tener presencia en Internet es relativamente sencillo; cualquier empresa puede crear un sitio web, estar en redes sociales y utilizar herramientas digitales. Sin embargo, conseguir los resultados esperados no es tan fácil. Estar en Internet es solo el primer paso. La clave está en tener una estrategia digital sólida que guíe a la empresa a cumplir con sus objetivos comerciales y alcanzar sus metas de manera eficiente.

1.2.1. Definición de estrategia

Antes de profundizar en la estrategia digital, es importante entender qué es una estrategia en términos generales. Según la definición clásica, estrategia es:

> Conjunto de ideas encaminadas a la consecución de una ventaja competitiva sostenible en el tiempo y defendible frente a la competencia, mediante la adecuación entre los recursos y capacidades de la empresa y el entorno en el cual opera, y a fin de satisfacer los objetivos de los múltiples grupos participantes en ella.

En el contexto de una estrategia digital, esto implica lo siguiente:

- *Ventaja competitiva sostenible.* El objetivo es diferenciarse de la competencia mediante el uso inteligente de recursos digitales, como el marketing en redes sociales, la optimización de motores de búsqueda (SEO), la publicidad digital y la personalización de la experiencia de usuario.

- *Adecuación entre recursos y capacidades de la empresa.* Las empresas deben utilizar sus herramientas y capacidades, como plataformas de análisis de datos, sistemas de gestión de relaciones con clientes (CRM) y automatización de marketing, para maximizar la efectividad de su estrategia digital.

- *Adaptación al entorno.* El entorno digital cambia rápidamente. Las empresas deben estar dispuestas a adaptarse a nuevas tecnologías, cambios en el comportamiento del consumidor y nuevas plataformas. Esta flexibilidad es esencial para mantenerse competitivos.

- *Satisfacción de los objetivos de los grupos participantes.* Esto incluye no solo los objetivos comerciales de la empresa, sino también los intereses de los clientes, empleados, socios y otras partes interesadas. Una estrategia digital debe garantizar que todas las partes involucradas estén alineadas y se beneficien de la implementación de la estrategia.

Estrategia digital: evolución y situación actual

A lo largo de los años, el enfoque de las estrategias de marketing ha experimentado una evolución significativa, y la estrategia digital no ha sido la excepción. Si en los primeros días del marketing digital, las empresas se centraban sobre todo en el producto y en cómo comercializarlo en Internet, hoy en día el enfoque ha cambiado sustancialmente.

En el pasado, el marketing digital era en gran medida *product-centric* (centrado en el producto), lo que significa que las empresas diseñaban sus estrategias basadas en lo que querían vender y el marketing solo actuaba como un canal para distribuir esa oferta. El marketing digital se centraba en resaltar las características, los beneficios y los precios de los productos, pero no necesariamente en entender a fondo las necesidades o deseos del consumidor.

El enfoque *product-centric* se basaba en que el consumidor debía adaptarse a los productos y servicios ofrecidos por las empresas. En este enfoque, el marketing era más transaccional, centrado en captar la atención de los consumidores y fomentar compras sin una interacción continua ni una relación personal duradera.

El enfoque actual: de *product-centric* a *customer-centric*

La revolución digital ha traído consigo cambios fundamentales en la forma en que las empresas se comunican con sus clientes. En lugar de ser un modelo centrado en el producto, ahora el marketing digital pone el foco en la experiencia del consumidor (*customer-centric*), lo que significa que las empresas ahora deben entender y adaptarse a las necesidades y deseos de sus clientes.

El enfoque *customer-centric* pone al consumidor en el centro de todas las decisiones y actividades de marketing. En lugar de forzar al consumidor a adaptarse a lo que ofrece la empresa, las estrategias actuales buscan personalizar la experiencia del cliente, proporcionar valor continuo y construir relaciones duraderas. Este enfoque ha sido posible gracias a las herramientas y tecnologías digitales, que permiten a las empresas:

- *Recopilar datos detallados* sobre las preferencias, los comportamientos y las necesidades de los consumidores.

- *Personalizar* los mensajes, productos y servicios basándose en esa información, garantizando que cada cliente reciba una oferta adecuada y relevante para él.

- *Crear experiencias únicas y memorables* que generen lealtad y fomenten la recomendación de la marca.

Las empresas ahora entienden que, en la era digital, no se trata solo de vender un producto; se trata de crear una experiencia que satisfaga las expectativas del consumidor, lo que genera valor para ambas partes a largo plazo. Las herramientas de análisis de datos, inteligencia artificial (IA) y automatización del marketing permiten a las empresas ofrecer esta personalización a una escala que antes no era posible (Figura 1.6).

Figura 1.6. *Product vs. Experience* Heinz

Fuente: Raja, A. (2021).

1.2.2. Impacto de la transformación digital en la estrategia de marketing

La transformación digital ha modificado profundamente el entorno empresarial. Las tecnologías emergentes, como la IA, el *big data* y las plataformas de automatización han permitido a las empresas mejorar significativamente su capacidad para entender y satisfacer las necesidades de los consumidores. Algunas de las principales características del marketing digital en la era de la experiencia del cliente son:

- *Personalización masiva.* Las empresas pueden personalizar las experiencias de los consumidores a nivel individual, utilizando datos recogidos a través de múltiples puntos de contacto (sitios web, redes sociales, aplicaciones móviles) para crear ofertas personalizadas. Herramientas como la inteligencia artificial (IA) permiten predecir las preferencias de los clientes y ofrecerles exactamente lo que necesitan, antes de que lo pidan.

- *Interacción continua.* A diferencia del enfoque tradicional, donde el marketing era una interacción puntual (por ejemplo, una campaña publicitaria), hoy en día el marketing es una conversación continua con el cliente. Las empresas interactúan con los consumidores a través de diversos canales digitales (*email*, redes sociales, *chatbots*, etc.) en cualquier momento.

- *Creación de valor constante.* En el enfoque *customer-centric*, las empresas no solo se enfocan en la venta de productos, sino en proporcionar valor continuo a los consumidores, ya sea a través de contenido educativo, atención al cliente excepcional o productos innovadores que respondan a las necesidades cambiantes del mercado.

1.2.3. La estrategia digital en la práctica

La estrategia digital moderna involucra a toda la empresa, ya que todas las áreas deben alinearse para proporcionar una experiencia coherente y de alta calidad al consumidor. Desde la gestión del inventario hasta el servicio al cliente, pasando por el desarrollo de nuevos productos, todas las actividades de la empresa deben estar orientadas a satisfacer las expectativas del consumidor.

En resumen, el marketing digital en el siglo XXI no se basa solo en vender un producto, sino en crear relaciones duraderas con los consumidores mediante la creación de experiencias personalizadas y relevantes. Para lograr esto, las empresas deben adoptar un enfoque *customer-centric,* apoyándose en las tecnologías digitales para transformar la forma en que interactúan con los consumidores y proporcionan valor a lo largo del tiempo.

1.3. Adaptación al marketing digital

La revolución del marketing digital ha transformado el panorama de los negocios, y los profesionales de marketing deben estar preparados para entender y adaptarse a esta nueva realidad. Las estrategias y enfoques tradicionales han quedado obsoletos y las empresas necesitan implementar métodos diferentes para tener éxito en el entorno digital.

1.3.1. Adaptación al nuevo entorno digital

El hecho de estar en línea no garantiza el éxito. Estar en Internet es relativamente fácil, pero lograr los resultados esperados requiere adaptación y estrategia. Esto no significa abandonar todo lo aprendido previamente, sino ser capaz de integrar esos conocimientos con las nuevas tecnologías y las plataformas digitales. El éxito en este entorno está ligado a la capacidad de las empresas para adaptarse rápidamente a los cambios.

Un principio clave para los negocios en línea es la coherencia y la transparencia. El consumidor de hoy es mucho más inteligente y exigente. Tiene acceso a toda la información disponible y sabe cómo comparar precios, evaluar productos y leer reseñas. Por tanto, los negocios deben tener una razón sólida para estar presentes en línea, más allá de simplemente vender productos; debe existir un valor añadido que pueda ser rentabilizado. Es esencial ofrecer algo más que solo un producto; hay que ofrecer una experiencia de compra única.

1.3.2. El consumidor activo en el entorno digital

El consumidor es ahora un sujeto activo en el entorno digital. Ya no es pasivo frente a la información. Los usuarios acotan su búsqueda eligiendo qué investigar y cómo hacerlo. Esto significa que el consumidor decide la cantidad y calidad de la información que considera relevante para tomar decisiones informadas.

En la era digital, los comparadores de productos se han vuelto esenciales. Los consumidores ya no solo comparan precios, sino también las experiencias de otros usuarios a través de opiniones y valoraciones. Este tipo de información de primera mano se ha convertido en uno de los factores clave que influyen en la decisión de compra. Herramientas como Tiendeo, que comparan productos de supermercados y tiendas en línea, permiten a los usuarios obtener la mejor opción para su compra, mejorando así la experiencia de compra y la toma de decisiones.

1.3.3. La importancia de las marcas y cómo destacar

En Internet, la marca está directamente vinculada a la oferta. El nombre de la marca y su presencia en línea definen lo que ofrece y, además, también facilitan la interacción directa entre la empresa y el consumidor. Es importante construir nombres de marca fáciles de recordar y de teclear, lo que facilita la búsqueda y el acceso. Además, las empresas deben asegurarse de reservar dominios con nombres clave, utilizar recursos de búsqueda eficaces y aprovechar la promoción en comunidades y foros para generar visibilidad.

Las alianzas estratégicas con otras marcas también son fundamentales para aumentar la visibilidad. Por ejemplo, empresas como ladespensa.com o ulabox.com han integrado su dominio en el nombre, lo que facilita la identificación de la marca en Internet.

1.3.4. Productos sin fin o el fin de los productos

En el entorno digital, los productos deben ofrecer algo más que simplemente cumplir con su función. Los consumidores ahora buscan un valor añadido, como la exclusividad, la personalización o incluso la conveniencia de la compra en línea.

En muchos casos, los productos seleccionados en línea son más baratos o exclusivos que los disponibles en tiendas físicas. Un ejemplo claro de esto es el mercado de productos con motivos originales y exclusivos, como los flotadores gigantes, que a menudo tienen un precio un 10% a 25% más barato en Internet. Los consumidores también pueden acceder a productos que no encuentran en las tiendas físicas, lo que les da una ventaja significativa al elegir compras en línea.

Fijación de precios: A pesar de que Internet ha sido históricamente percibido como el lugar donde todo es más barato, las empresas deben tener en cuenta que el precio no es el único factor decisivo. Los consumidores también valoran la inmediatez y la comodidad. Así, los precios dinámicos o *dynamic pricing* permiten a las empresas ajustar sus precios en tiempo real en función de la demanda y las preferencias de los consumidores. Esto permite aumentar los márgenes y competir de manera más eficiente.

Sin embargo, hay un riesgo en este modelo: la comparación constante de precios. Los consumidores pueden comparar fácilmente entre diferentes marcas, lo que obliga a las empresas a ser más competitivas y adaptarse rápidamente a las expectativas del mercado.

1.3.5. Cómo estar en condiciones de llegar a todas partes

Para tener una buena estrategia de comercialización en el entorno digital, es esencial identificar las oportunidades dentro de la cadena de valor y justificar la elección de Internet como canal de venta. Las empresas deben empezar por mejorar su presencia web y asegurarse de que su sitio web esté optimizado para móviles (*mcommerce*). El comercio móvil ha experimentado un auge en los últimos años, y es fundamental que las empresas estén preparadas para ofrecer una experiencia de compra fluida y optimizada para dispositivos móviles.

1.3.6. La comunicación en Internet: interacción constante

Una de las grandes diferencias que hay entre el marketing tradicional y el marketing digital es que la comunicación en Internet es interactiva. Los consumidores no solo consumen contenido, sino que interactúan, hacen preguntas y esperan respuestas rápidas. Por tanto, la atención al cliente se ha convertido en un aspecto crucial de cualquier estrategia digital.

Las herramientas que facilitan esta comunicación son diversas:

- *FAQ (frequently asked questions)*. Sección de preguntas frecuentes en el sitio web.

- *Boletines o newsletters*. Para mantener a los usuarios informados sobre novedades y ofertas.

- *Notas de prensa y sala de prensa virtual*. Para mantener a los medios y consumidores al tanto de novedades importantes.

- *Blogs, foros y redes sociales*. Canales ideales para mantener la comunicación abierta y crear contenido valioso.

- *Chat en vivo*. Herramienta fundamental para interactuar en tiempo real con los consumidores.

- *Asistentes virtuales y bots*. Cada vez más utilizados para responder a preguntas comunes o para proporcionar información rápida de forma automatizada.

1.3.7. Atención al cliente en Internet: no se puede ignorar

La atención al cliente en el entorno digital debe ser rápida, eficiente y humana. Ignorar las necesidades de los clientes puede perjudicar gravemente a la marca, ya que las expectativas de los consumidores son altas y el acceso a la información es inmediato. Las empresas deben ofrecer toda la información relevante de manera accesible, especialmente si venden productos complejos. Esto incluye proporcionar instrucciones, garantías, sugerencias de uso, atención técnica y otros recursos como tutoriales.

Un buen ejemplo de cómo mantener una relación fluida con el cliente es Nestlé, que utiliza YouTube para compartir vídeos tanto de la marca como creados por los propios usuarios. Además, la empresa responde de manera natural a las preguntas y comentarios de los clientes, creando un ambiente de confianza y cercanía.

1.3.8. Fidelización: clientes fieles o clientes más exigentes

La fidelización es clave en el marketing digital. Fidelizar al cliente significa construir una relación de confianza a largo plazo, basada en el valor que la marca proporciona. Un cliente fiel no solo compra de nuevo, sino que también defiende la marca y la recomienda a otros.

Para lograr esta fidelización, es esencial construir una estrategia de relaciones que esté enfocada en el contacto constante con el cliente. Las herramientas digitales, como el *email marketing* y las redes sociales, facilitan esta interacción continua.

1.3.9. ¿Individuos o grupos?

El usuario de Internet es un individuo que, aunque interactúa dentro de un entorno más amplio, busca soluciones específicas que se ajusten a sus necesidades. El cambio cultural y de hábitos que trae consigo el uso de Internet implica que las marcas deben adaptarse rápidamente a los nuevos comportamientos de compra, que incluyen el uso de dispositivos móviles, la búsqueda activa de información, y la comparación constante de productos y precios.

1.4. Conocimiento del consumidor

En el marketing digital, conocer al consumidor es fundamental para ofrecer experiencias personalizadas y efectivas. Dos herramientas esenciales para entender a fondo a los consumidores y diseñar estrategias de marketing adecuadas son el *buyer persona* y el *customer journey map*. Estas herramientas permiten no solo identificar el perfil del consumidor ideal, sino también trazar su recorrido de compra para optimizar cada punto de contacto.

1.4.1. El *buyer persona*: conociendo al cliente ideal

El *buyer persona* es una representación semificticia del cliente ideal de una empresa. Se construye a partir de datos reales obtenidos a través de investigación de mercado, encuestas a clientes y análisis de datos. Esta herramienta es esencial para comprender mejor las motivaciones, necesidades y comportamientos de los consumidores, lo que ayuda a diseñar estrategias de marketing más personalizadas.

Para crear un *buyer persona*, las empresas recopilan información sobre su *target* (público objetivo), tales como:

- *Datos demográficos.* Edad, género, nivel educativo, ubicación geográfica.
- *Datos profesionales.* Cargo, industria, nivel de ingresos, etc.
- *Hábitos y preferencias.* ¿Qué redes sociales utilizan? ¿Cómo consumen contenido? ¿Qué tipo de productos prefieren?
- *Motivaciones.* ¿Qué los impulsa a tomar decisiones de compra? ¿Qué problemas buscan resolver con el producto o servicio?
- *Comportamiento digital.* ¿Cómo acceden a la información? ¿Prefieren comprar en línea o en tiendas físicas?

La idea es crear un perfil detallado que permita a la empresa entender cómo interactúan los consumidores con sus productos o servicios y qué les interesa realmente. Esto también facilita la creación de contenido personalizado que resuene con sus intereses y necesidades.

1.4.2. Impacto de la inteligencia artificial (IA)

La IA puede ayudar a crear *buyer personas* más precisos analizando grandes volúmenes de datos de manera automática. Herramientas como los sistemas de recomendación de Amazon o las plataformas de análisis de datos de Google utilizan *machine learning* para identificar patrones en el comportamiento del consumidor y optimizar los perfiles de *buyer persona* en tiempo real (Figura 1.7).

Figura 1.7. Ejemplo de *buyer persona*

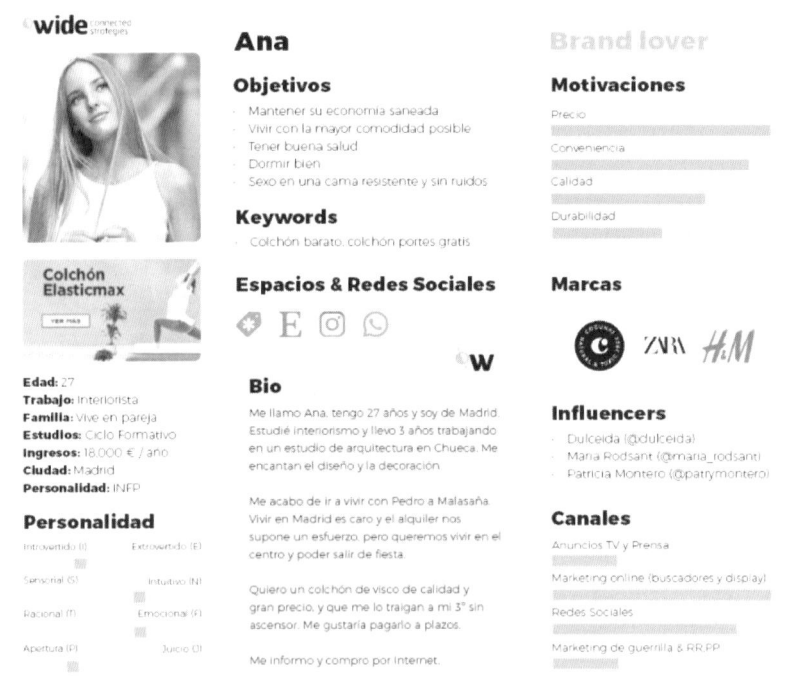

Fuente: Wide-marketing (2021).

1.4.3. El *customer journey*: trazando el recorrido de compra

El *customer journey* o viaje del consumidor es el proceso que sigue un cliente desde que se interesa por un producto o servicio hasta que realiza la compra y más allá. Es fundamental comprender las diferentes etapas del *customer journey* para ofrecer experiencias relevantes y satisfacer las necesidades del cliente en cada fase (Figura 1.8).

Figura 1.8. *Customer journey*

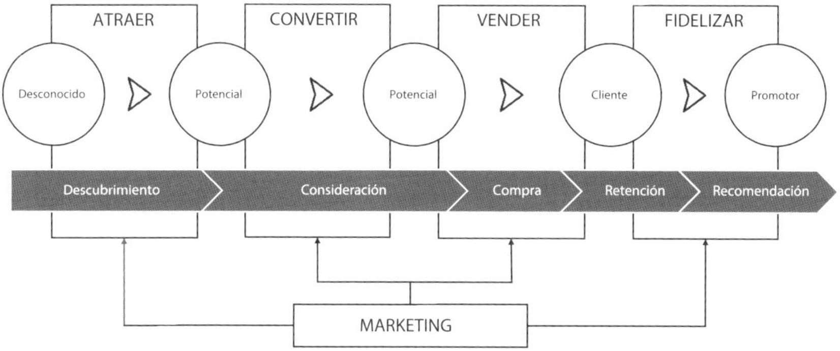

Fuente: Elaboración propia.

Fases del *customer journey*:

- *Precompra.* En esta etapa, el consumidor está identificando un problema o necesidad. Puede estar buscando información, comparando opciones o buscando recomendaciones. Es esencial que las marcas sean visibles en esta fase, proporcionando contenido educativo y valioso que resuelva las dudas del consumidor.

- *Compra.* Una vez que el consumidor ha decidido qué producto o servicio adquirir, entra en la fase de compra. Aquí, el proceso debe ser fácil, rápido y seguro. La optimización del proceso de pago, la personalización de las ofertas y el soporte al cliente son clave para garantizar que el consumidor complete la transacción.

- *Poscompra.* Después de la compra, es importante mantener una relación continua con el cliente. Aquí, el marketing de retención juega un papel crucial, asegurándose de que el cliente esté satisfecho con su compra y fomentando la lealtad a la marca. Las estrategias de seguimiento como encuestas de satisfacción, recomendaciones personalizadas y atención al cliente de alta calidad son esenciales.

Análisis de *touchpoints*

Los *touchpoints* o puntos de contacto son las diferentes interacciones que el consumidor tiene con la marca a lo largo de su viaje. Estos pueden ser:

- El sitio web de la empresa.
- Las redes sociales.
- Los anuncios de pago por clic (PPC).
- Las tiendas físicas o experiencias de compra en línea.
- Los correos electrónicos.

Analizar estos puntos de contacto permite a las empresas medir el nivel de satisfacción del cliente y determinar qué aspectos del viaje de compra necesitan mejorar. Por ejemplo, si un consumidor abandona su carrito de compras en línea, es posible que haya una barrera en el proceso de pago que debe ser ajustada.

La influencia de las nuevas tecnologías en el *customer journey*: Las tecnologías emergentes, como el Internet de las cosas (IoT), la inteligencia artificial (IA), la robótica y las impresoras 3D, están teniendo un impacto significativo en cómo las marcas interactúan con los consumidores en su viaje de compra. Estas tecnologías permiten personalizar la experiencia del cliente de manera más efectiva, desde la recopilación de datos hasta la optimización del proceso de compra:

- *Internet de las cosas (IoT)*. Los dispositivos conectados pueden proporcionar información valiosa sobre las preferencias y los comportamientos del consumidor, mejorando la personalización de las ofertas.

- *IA.* La inteligencia artificial puede predecir las necesidades de los consumidores, optimizando las recomendaciones de productos y personalizando la experiencia de compra.
- *Robótica.* En el comercio minorista, la robótica puede optimizar los procesos de inventario y mejorar la logística.
- *Impresoras 3D.* Permiten la creación de productos personalizados que pueden mejorar la experiencia de compra al adaptarse específicamente a las necesidades del consumidor.

Aplicación de AECOC para analizar el *customer journey*

Una herramienta interesante es la desarrollada por AECOC, que utiliza tecnologías emergentes para analizar cómo influirán tendencias como el Internet de las cosas, la inteligencia artificial, la robótica y las impresoras 3D en las nuevas tiendas del futuro. Este análisis ayuda a entender cómo la tecnología cambiará los puntos de contacto en el *customer journey*, brindando a las empresas la capacidad de anticiparse a las necesidades de los consumidores y ofrecer experiencias más eficientes e innovadoras.

La relevancia del conocimiento del consumidor en el marketing digital

El conocimiento profundo del consumidor es fundamental para el éxito de cualquier estrategia de marketing digital. Las herramientas como el *buyer persona* y el *customer journey map* permiten a las empresas diseñar campañas más personalizadas y eficaces, ofreciendo contenido y experiencias en cada fase del viaje del consumidor. Además, mediante la recopilación de datos en tiempo real y el uso de análisis predictivo las marcas pueden adaptarse rápidamente a los cambios en las preferencias de los consumidores, lo que asegura una ventaja competitiva en el mercado digital.

1.5. Nuevo perfil del consumidor

El perfil del consumidor ha cambiado significativamente con la evolución digital. Con la expansión de Internet y la aparición de nuevas tecnologías, como las redes sociales y la inteligencia artificial, los consumidores actuales están mucho más informados, y son exigentes y participativos. Para las empresas, entender cómo se comportan y cómo interactúan los consumidores en el entorno digital es esencial para ajustar sus estrategias de marketing y conectar con ellos de manera efectiva.

1.5.1. Consumidor no nativo digital (*jubilonautas*)

Los *jubilonautas* son aquellos consumidores que no crecieron con la tecnología digital, pero que han ido adaptándose con el tiempo. Este grupo tiene una perspectiva diferente en cuanto a su relación con las marcas y el marketing digital. A continuación, se describen las tres fases del proceso de adaptación de este tipo de consumidor:

- *Queja*. Al principio, estos consumidores pueden sentirse desconectados o desconfían de las tecnologías digitales. La transición del mundo físico al digital puede resultarles desconcertante o frustrante. Sin embargo, con el tiempo, sus quejas suelen disminuir a medida que se familiarizan con los beneficios de la tecnología y la comodidad que ofrece.

- *Picaresca*. En esta fase, algunos consumidores buscan obtener ventajas emocionales o materiales aprovechando el sistema. Esto puede implicar quejas falsas, manipulando las plataformas para obtener descuentos, beneficios o ventajas, aunque no sean realmente necesarias.

- *Complicidad*. Finalmente, estos consumidores comprenden que pueden obtener ventajas a largo plazo si colaboran de manera positiva con las marcas. Se vuelven más receptivos y dispuestos a involucrarse con las marcas, participando activamente en encuestas, reseñas y retroalimentación.

1.5.2. Consumidor nativo digital (nacidos a partir de 1990)

Los nativos digitales son aquellos que han crecido rodeados de tecnología digital, y su relación con las marcas y el marketing digital es muy diferente. Su comportamiento está marcado por su habilidad para interactuar en múltiples plataformas digitales y su familiaridad con las herramientas tecnológicas.

- *Aprende.* El consumidor nativo digital tiende a ser curioso. Prefiere aprender de otros usuarios antes de tomar una decisión de compra, buscando información y opiniones en línea, principalmente a través de vídeos de YouTube, reseñas de productos y redes sociales.

- *Participa.* Estos consumidores no solo consumen contenido; también lo crean. Están dispuestos a interactuar, compartir sus experiencias y participar activamente en las plataformas generando contenido y dejando comentarios en productos o servicios que utilizan.

- *Lidera.* Los nativos digitales también tienden a querer ser líderes de opinión. Son más propensos a influir en sus círculos sociales, ya sea recomendando productos o iniciando conversaciones sobre marcas. Este grupo tiene un alto nivel de *engagement* y puede convertirse en embajadores de marca.

1.5.3. Empresas y su relación con el mundo digital

Las empresas reaccionan de manera diferente dependiendo de si son nativas digitales o no nativas digitales. Las empresas no nativas digitales tienden a ser más reticentes a adaptarse al mundo digital, mientras que las nativas digitales son naturalmente más ágiles y están más predispuestas a aprovechar las oportunidades que ofrece Internet.

Empresas no nativas digitales

Estas empresas inicialmente perciben el marketing digital como una competencia desleal o algo con lo que deben lidiar, ya que no nacieron en un entorno completamente digital. A menudo ven este cambio como una amenaza, pero, con el tiempo, muchas de ellas comienzan a adaptarse y a comprender las ventajas del marketing digital.

- *Queja*. Al principio, muchas empresas ven el marketing digital como un terreno nuevo y riesgoso, especialmente cuando se enfrentan a la competencia de empresas más digitales.

- *Picaresca*. Sin embargo, algunas empresas comienzan a entender el marketing colaborativo y lo utilizan para hacerse escuchar, especialmente cuando se sienten limitadas por regulaciones tradicionales o modelos de negocio más rígidos. Aquí, empiezan a colaborar con los consumidores para mejorar su comunicación.

- *Complicidad*. Finalmente, muchas empresas adoptan las prácticas de éxito de las *start-ups* digitales y las empresas de la economía colaborativa. Esto incluye la adopción de nuevas tecnologías o la colaboración con empresas más innovadoras.

Un ejemplo de esto son las cabeceras de prensa tradicionales que inicialmente rechazaron Internet como una amenaza. Con el tiempo, estas empresas han aprendido a adaptarse al entorno digital, utilizando modelos de negocio como la subscripción digital, lo que les permite seguir generando contenido de calidad.

Empresas nativas digitales

Las empresas nativas digitales nacen con el objetivo de aprovechar las oportunidades que ofrece Internet desde el principio. Estas empresas, como Amazon, Netflix y Spotify, entienden cómo integrar la tecnología digital en su estrategia de negocio y se adaptan constantemente a las demandas del mercado.

- *Aprenden*. En sus primeras etapas, las empresas nativas digitales carecen de modelos de negocio claros y no siempre saben cómo monetizar sus servicios. Sin embargo, se adaptan rápidamente utilizando tecnologías emergentes y modelos de negocio innovadores para generar ingresos.

- *Participan* Estas empresas se involucran profundamente con su base de clientes, utilizando redes sociales, plataformas de contenido y otros canales digitales para fomentar la interacción constante con su público.

- *Lideran.* Las empresas nativas digitales, como Amazon, Facebook o Airbnb, han llegado a dominar el mercado al adquirir empresas tradicionales que no supieron adaptarse al entorno digital, como el caso de Amazon, que compró marcas como Zappos y Whole Foods para expandir su presencia y diversificación.

1.5.4. Nuevos conceptos en el consumo digital

Con la evolución de la tecnología digital, han surgido conceptos que describen nuevas formas de interacción del consumidor con las marcas.

- *Crossumer.* El concepto de *crossumer* es una combinación de las palabras *cross* (cruzar) y *consumer* (consumidor). Este consumidor es aquel que cruza el límite tradicional de consumidor pasivo a uno activo, participando directamente en la creación y gestión de contenido sobre una marca o producto. Los consumidores de hoy tienen acceso a gran cantidad de información sobre las marcas a través de Internet y comparten experiencias de compra con otros usuarios.

  Por ello, las marcas deben gestionar cuidadosamente su reputación *online*. Las redes sociales y la interacción constante son esenciales para conseguir que estos consumidores se conviertan en *lovemarks*, una marca que inspire tanto amor que los consumidores se conviertan en defensores activos.

  Ejemplo: Wikipedia es un ejemplo claro de cómo un *crossumer* puede ser una fuerza poderosa. Los usuarios no solo consumen información, sino que también contribuyen activamente generando contenido, mejorando artículos y compartiendo conocimiento.

- *Prosumer*. El término *prosumer* es una combinación de *producer* (productor) y *consumer* (consumidor). En la era digital, el consumidor no es solo un receptor pasivo de productos, sino que se involucra activamente en la producción de contenido. Los *prosumers* no solo consumen lo que se les ofrece, sino que también participan en la creación, modificación y promoción de productos.

  Los *prosumers* se convierten en defensores de la marca y participan en boicots si detectan prácticas no éticas, como sucedió en el caso de marcas textiles que utilizaban trabajo infantil en su cadena de producción.

  El *prosumer* tiene un papel importante en el *crowdsourcing* o micromecenazgo, que es la financiación colectiva de proyectos a través de pequeñas contribuciones de individuos. Plataformas como Kickstarter o Indiegogo permiten a los consumidores convertirse en parte activa en el desarrollo de productos, eligiendo y financiando nuevas ideas o empresas.

  Ejemplo: Lego utiliza una plataforma llamada ideas.lego.com, que invita a los usuarios a compartir ideas para nuevos conjuntos de Lego, permitiendo que las creaciones de los consumidores se conviertan en productos reales.

1.6. Aspectos legales

El marketing digital y las actividades comerciales en línea involucran una gran cantidad de datos personales de los usuarios. Esto hace que la protección de datos sea un aspecto esencial para garantizar la confianza del consumidor y el cumplimiento legal. En este apartado, abordaremos los aspectos clave relacionados con la privacidad y el tratamiento de datos personales, especialmente en el contexto del Reglamento General de Protección de Datos (RGPD) de la Unión Europea, que afecta directamente a las empresas que operan en el entorno digital.

1.6.1. ¿Qué es el RGPD-LOPD?

El RGPD (Reglamento General de Protección de Datos) es una legislación de la Unión Europea que entró en vigor el 25 de mayo de 2018 (aunque algunos aspectos de la legislación de protección de datos ya venían de antes, como la LOPD en España). Su objetivo principal es reforzar la protección de los datos personales de los individuos en la UE estableciendo directrices claras sobre cómo las empresas deben manejar estos datos.

Las empresas, los organismos públicos y las entidades sin ánimo de lucro que procesan datos personales están obligados a cumplir con el RGPD. Además, las empresas que operan en España también deben cumplir con la LOPD (Ley Orgánica de Protección de Datos) que regula el tratamiento de datos personales en el ámbito nacional, vigente desde el 7 de diciembre de 2018.

1.6.2. Conceptos básicos en el tratamiento de datos personales

Para entender cómo se debe manejar la privacidad en el marketing digital, es esencial conocer algunos términos clave en relación con el tratamiento de datos:

- *Datos personales.* Son aquellos que pueden identificar o hacer identificable a una persona. Ejemplos de ello son el nombre, la dirección, el número de teléfono, el correo electrónico, la imagen o cualquier otro dato que permita identificar a un individuo.

- *Tratamiento de datos.* Este término se refiere a cualquier operación que se realice sobre los datos personales, como recogerlos, almacenarlos, organizarlos, modificarlos o incluso destruirlos. Este concepto abarca todas las acciones que afectan a los datos a lo largo de su ciclo de vida.

- *Responsable del tratamiento.* Es la empresa o persona que decide los fines y medios del tratamiento de los datos personales. En una empresa, esto recae generalmente en el área de gestión de datos o marketing.

- *Encargado del tratamiento.* Es la entidad o persona que, bajo las instrucciones del responsable del tratamiento, procesa los datos. Por ejemplo, los proveedores de servicios como empresas de *hosting* o gestores de datos.

- *Titulares de los datos.* Son los individuos cuyos datos se recopilan, procesan y almacenan. Pueden ser clientes, empleados, proveedores o potenciales clientes.

1.6.3. Principios básicos del tratamiento de datos

El RGPD establece una serie de principios clave que deben seguirse para tratar los datos personales de manera adecuada. Estos principios son:

- *Transparencia.* La empresa debe informar al titular de los datos de forma clara sobre el uso que se dará a sus datos, sus derechos y cómo pueden ejercerlos.

- *Finalidad.* Los datos deben ser recogidos solo para fines específicos y legítimos, y no deben ser tratados de forma incompatible con esos fines.

- *Minimización.* Solo se deben recopilar los datos estrictamente necesarios para cumplir con el propósito para el cual fueron recolectados.

- *Exactitud.* Los datos deben ser exactos y, cuando sea necesario, actualizados. Se deben tomar todas las medidas razonables para asegurarse de que los datos sean correctos.

- *Conservación limitada.* Los datos deben conservarse solo durante el tiempo necesario para cumplir con los fines para los cuales fueron recogidos. Después de ese periodo, deben ser eliminados de manera segura.

- *Integridad y confidencialidad.* Los datos deben ser protegidos adecuadamente contra el acceso no autorizado o el tratamiento ilícito, así como contra la pérdida, destrucción o daño accidental.

1.6.4. Recogida, uso y conservación de los datos

Cuando se recopilan y gestionan datos personales, las empresas deben seguir los siguientes principios relacionados con su uso y conservación:

1. *Pedir solo los datos necesarios.* Solo se deben solicitar aquellos datos que sean estrictamente necesarios para el propósito de la empresa. Por ejemplo, si el objetivo es enviar un boletín, solo se debe pedir el correo electrónico y no otros datos como la dirección física.

2. *No utilizar los datos para fines distintos.* Los datos no deben ser utilizados para otros fines diferentes de los que motivaron inicialmente su solicitud, a menos que se haya obtenido el consentimiento explícito del titular de los datos.

3. *Custodiar los datos de forma segura.* Los datos deben ser almacenados de manera segura para evitar que se accede a ellos o sean modificados sin autorización. Esto implica el uso de medidas de seguridad físicas y tecnológicas.

4. *Limitar la conservación de datos.* Los datos personales no deben conservarse indefinidamente. Una vez que los datos ya no sean necesarios para los fines para los cuales fueron recopilados, deben ser destruidos o anonimizados.

1.6.5. Uso de los datos: casos en los que es lícito

El RGPD establece que solo se puede tratar datos personales en ciertos supuestos legales. Estos son algunos de los casos en los que es lícito tratar los datos personales:

1. *Consentimiento.* El titular de los datos ha dado su consentimiento explícito para que sus datos sean tratados para un propósito específico (por ejemplo, para recibir correos electrónicos de marketing).

2. *Desarrollo de un contrato.* Los datos personales son necesarios para formalizar un contrato de la empresa con el cliente (por ejemplo, para procesar un pedido en línea).

3. *Cumplimiento de una obligación legal.* El tratamiento es necesario para cumplir con obligaciones legales (por ejemplo, en temas fiscales o laborales).

4. *Intereses vitales.* En algunos casos, el tratamiento de datos puede ser necesario para proteger los intereses vitales del titular de los datos o de otra persona (por ejemplo, en emergencias médicas).

5. *Interés público o ejercicio de competencias públicas.* El tratamiento es necesario para el cumplimiento de tareas de interés público o para ejercer una autoridad oficial.

6. *Interés legítimo.* La empresa puede procesar datos si existe un interés legítimo, siempre que este interés no prevalezca sobre los derechos y las libertades del titular de los datos.

La protección de los datos personales es fundamental en el marketing digital. Las empresas deben garantizar que cumplen con el RGPD y que protegen adecuadamente los datos de sus clientes y usuarios. Esto no solo es un requisito legal, sino que también ayuda a construir la confianza del consumidor y a evitar problemas legales y reputacionales. Es importante estar al tanto de estos aspectos legales y aplicar las prácticas adecuadas de privacidad y seguridad en todos los aspectos de las operaciones digitales.

1.7. Entrevista

ENRIC LLOPART. *Digital director* en F. C. Barcelona

1. ¿Una empresa puede subsistir hoy en día ajena al marketing digital?

Cada sector tiene sus propias dinámicas, pero cualquier empresa necesita adaptar su forma de comunicar o dirigirse a través de los diferentes audiencias a los canales que estas audiencias utilicen. Por eso los canales digitales deben jugar un rol clave, ya sea en el proceso de venta o de atención al cliente, a la hora de atraer y fidelizar consumidores.

2. **¿Qué consejos darías a una empresa que debe iniciar el proceso de transformación digital?**

Lo primero, que esto no va de tecnología, sino de estrategia, cultura y procesos. Orientar la estrategia hacia el consumidor, a comprender sus necesidades y servirlas de la forma más eficiente y dinámica posible, y crear las condiciones para que la organización pueda hacer frente a ese reto desde un punto de vista organizativo, cultural y de procesos.

3. **¿Cuáles son las tendencias futuras en marketing digital?**

La personalización, la omnicanalidad y la integración de lo físico y lo digital. Ninguna de las tres cosas que menciono es nueva, pero, a pesar de que llevamos años hablando de ellas, no existen apenas marcas que hayan hecho un buen trabajo en ninguna de las tres. Ha sido una promesa incumplida en gran medida debido a las limitaciones tecnológicas. Estoy muy atento también a lo que la inteligencia artificial aportará a la experiencia de usuario, sobre todo a la hora de anticiparse a sus necesidades o cambiando algunos hábitos de búsqueda y compra con interfaces de voz.

4. **¿Cuáles son las principales diferencias entre un plan de marketing tradicional y uno digital?**

Es todo lo mismo. Digital es un canal más en una estrategia de marketing y de negocio, que obviamente está cogiendo cierta preponderancia dada su penetración y cierta especificidad. Pero creo que posiciones de responsable del área digital como la que ocupo van a desaparecer en el medio plazo, y así es como debe ser.

5. **Pon un ejemplo de marca que para ti sea un referente del marketing digital.**

   Cualquier marca que sepa hacer bien tres cosas: evolucionar constantemente su producto, servicio y experiencia según las necesidades de los consumidores y del mercado, apropiarse de un territorio que le otorgue personalidad y generar un impacto positivo en la sociedad.

Capítulo 2

Negocios digitales y emprendimiento

El mundo digital ha abierto una gran cantidad de oportunidades para los empresarios y emprendedores. Las empresas ahora pueden operar en un entorno más ágil, eficiente y globalizado, lo que les permite mejorar la productividad, incrementar las ventas y reducir costes de manera significativa. En este capítulo, exploramos cómo la realidad digital está transformando los negocios y qué factores competitivos deben tener en cuenta los emprendedores para aprovechar al máximo estas oportunidades.

2.1. Realidad digital, oportunidades y factores competitivos

La realidad digital ha revolucionado la forma en que las empresas operan generando oportunidades de transformación que les permiten mejorar diversos aspectos de sus operaciones. Estas oportunidades se traducen en beneficios directos que pueden impactar tanto en la eficiencia interna como en las ventas y la competitividad en el mercado. A continuación, exploraremos algunas de las principales palancas que las empresas pueden accionar para aprovechar el potencial de la digitalización.

2.1.1. Mejorar las ventas

La digitalización ha dado lugar a nuevos canales de venta que permiten a las empresas llegar a una audiencia global. Además, la digitalización no solo afecta a los negocios en línea, sino que también digitaliza los espacios físicos, mejorando la experiencia del cliente y optimizando las estrategias de ventas.

- *Nuevos canales de venta.* Las plataformas de *ecommerce* como Amazon, Shopify y eBay han permitido a las empresas expandir sus canales de venta más allá de las tiendas físicas, accediendo a mercados internacionales con costes de operación más bajos. Las redes sociales también han emergido como plataformas clave para la venta directa, como Instagram Shopping o Facebook Marketplace, donde las marcas pueden interactuar directamente con sus clientes.

- *Digitalización del espacio físico.* Muchas empresas están digitalizando sus tiendas físicas mediante tecnologías como la realidad aumentada (AR), que permite a los consumidores probar productos de manera virtual antes de comprarlos. Esto no solo incrementa la satisfacción del cliente, sino que también genera una ventaja competitiva al ofrecer una experiencia innovadora.

- *Estrategias de ventas basadas en datos.* Las herramientas de análisis de datos permiten a las empresas recopilar información detallada sobre el comportamiento de los consumidores. Esta información se utiliza para crear campañas de ventas personalizadas, basadas en las preferencias individuales de los clientes. Gracias a estas tecnologías, las empresas pueden predecir tendencias y ajustar sus estrategias de ventas en tiempo real.

2.1.2. Conseguir ahorro

La digitalización genera oportunidades para aumentar las ventas y la productividad y, además, permite ahorros significativos en diversas áreas de la empresa. Desde la optimización de procesos operativos hasta la reducción de costes en la infraestructura, la digitalización facilita un uso más eficiente de los recursos.

- *Servicios en la nube.* El uso de servicios basados en la nube (como Google Cloud, Amazon Web Services (AWS) y Microsoft Azure) permite a las empresas acceder a infraestructura digital sin necesidad de realizar grandes inversiones iniciales en servidores físicos. Además, las empresas solo pagan por los recursos que realmente utilizan, lo que se traduce en un ahorro considerable en infraestructura.

- *Software como servicio (SaaS).* Las plataformas SaaS, como Salesforce, HubSpot y Zendesk, permiten a las empresas acceder a herramientas avanzadas de gestión de relaciones con clientes (CRM), gestión de proyectos y atención al cliente, entre otras, sin la necesidad de comprar licencias caras o mantener servidores. Esto no solo reduce los costes operativos, sino que también facilita la escalabilidad de la empresa a medida que crece.

- *Marketing digital eficiente.* El marketing digital ofrece métodos mucho más económicos y medibles para llegar al público objetivo en comparación con los métodos tradicionales como la televisión o la prensa escrita. Plataformas como Google Ads y Facebook Ads permiten a las empresas segmentar su audiencia de manera precisa, maximizando el retorno de inversión (ROI) y reduciendo el gasto en publicidad.

2.1.3. Factores competitivos en la realidad digital

El entorno digital ha creado un ecosistema más competitivo debido a la facilidad de acceso al mercado global, pero también ha permitido a las empresas mejorar su competitividad mediante el uso de tecnologías disruptivas. Para ser competitivo en este entorno, las empresas deben centrarse en varios factores clave:

- *Velocidad de adaptación.* La capacidad de adaptarse rápidamente a los cambios del mercado y a las necesidades del consumidor es crucial. Las empresas digitales tienen una ventaja, ya que las herramientas tecnológicas les permiten ajustar rápidamente sus estrategias y operaciones en tiempo real.

- *Innovación continua.* La innovación constante es un factor competitivo fundamental en el mundo digital. Las empresas deben ser capaces de adaptarse a nuevas tecnologías y tendencias del mercado, como el *big data*, la inteligencia artificial (IA) y la automatización, para seguir siendo competitivas.

- *Atención al cliente personalizada.* Las empresas que personalizan la experiencia del cliente mediante el uso de tecnologías de datos y análisis predictivo tienen una ventaja significativa. Los consumidores de hoy esperan una atención al cliente instantánea, ya sea a través de *chatbots*, mensajería en redes sociales o asistentes virtuales.

- *Globalización.* La digitalización ha permitido que las empresas operen en mercados internacionales con una inversión relativamente baja en comparación con los métodos tradicionales. Este acceso global ha creado una competencia más feroz, lo que obliga a las empresas a ser más innovadoras y a ofrecer productos y servicios diferenciados.

2.2. Aprender a emprender

En el ecosistema empresarial existen dos tipos de modelos de negocio predominantes: las *start-ups* y los llamados *life-style businesses*. Estas dos categorías de negocios tienen características distintas y plantean diferentes objetivos y desafíos. A continuación, profundizamos en las diferencias entre ambos tipos de empresas y en qué aspectos clave debemos centrarnos si estamos interesados en emprender.

2.2.1. Diferencias entre *start-ups* y *lifestyle business*

Una *start-up* es una organización con una gran capacidad de cambio, enfocada en desarrollar productos o servicios innovadores y disruptivos, con la escala como objetivo fundamental. Las características clave de una *start-up* son:

- *Innovación y disrupción.* Las *start-ups* generalmente desarrollan productos o servicios altamente innovadores que buscan desafiar el mercado existente y crear una nueva propuesta de valor.

- *Escalabilidad.* Las *start-ups* tienen el potencial de escalar con rapidez, lo que significa que pueden expandirse de manera significativa sin tener que duplicar proporcionalmente los recursos y costes.

- *Objetivo final.* En la mayoría de los casos, los fundadores de *start-ups* tienen el objetivo final de vender la compañía o de salir a bolsa (IPO) para generar un retorno significativo de la inversión.

- *Dependencia de capital externo.* Para financiar su crecimiento, las *start-ups* dependen en gran medida de inversores externos, como *business angels*, *venture* capital o capital riesgo, lo que las hace más arriesgadas, pero con un alto potencial de retorno.

Los *lifestyle businesses* son organizaciones que, en lugar de enfocarse en el crecimiento explosivo, buscan generar ingresos sostenibles y mantenerse autofinanciadas a lo largo del tiempo. Algunas de las características de los *lifestyle businesses* son:

- *Beneficio constante.* Los *lifestyle businesses* buscan generar rentabilidad de manera constante y mantener una operación eficiente, sin el deseo de escalar rápidamente.

- *Crecimiento controlado.* A diferencia de las *start-ups*, los *lifestyle businesses* no tienen como objetivo expandirse de manera exponencial, sino que priorizan la sostenibilidad.

- *Autofinanciación.* Los fundadores suelen buscar una financiación interna, utilizando los ingresos generados por el negocio para crecer de manera orgánica.

- *Objetivo de dividendos.* El objetivo es generar dividendos y beneficios constantes sin necesariamente estar enfocados en una salida a través de la venta o una oferta pública inicial (IPO).

Actualmente, hay más *start-ups* que *lifestyle businesses*, lo que genera un ecosistema empresarial más arriesgado debido a las altas tasas de fracaso y la dependencia del capital externo.

2.2.2. Unicornios: definición y características

Un unicornio es una *start-up* que ha alcanzado una valoración de más de un billón de dólares (en términos estadounidenses) sin estar cotizada en bolsa. El término fue creado en 2013 por Aileen Lee para destacar la raridad de las empresas con estas características (Figura 2.1):

- *Aceleración con venture capital.* Los unicornios han sido posibles gracias a la llegada de fondos de capital riesgo (*venture capital*), lo que les permite crecer rápidamente y alcanzar una gran valoración sin estar cotizados en bolsa.

- *Proliferación de unicornios.* En 2015, se superaron los 100 unicornios y para 2019, la cifra llegó a casi 400, reflejando el auge de las *start-ups* en mercados globales.

Figura 2.1. Portada de *Fortune* sobre los unicornios

Fuente: Fortune (2024).

- *Factores comunes.* Todos los unicornios comparten un factor en común: crecen exponencialmente a través de canales digitales, lo que les permite acceder a mercados internacionales y escalar de manera mucho más eficiente que las empresas tradicionales.

Ejemplos de unicornios son empresas como Airbnb, WeWork, Cabify, N26, Postmates y Glovo.

Características comunes de los unicornios:

- *Edad promedio de los emprendedores.* La edad promedio de los fundadores de unicornios es de 34 años.

- *Composición de los equipos.* Los equipos suelen estar formados por tres cofundadores en promedio, y más del 90% de los fundadores se conocían previamente de la universidad o de experiencias laborales anteriores.

- *Crecimiento acelerado y digital.* El crecimiento de los unicornios se facilita mediante el uso de tecnología digital y modelos de negocio escalables, lo que les permite alcanzar un crecimiento acelerado sin las limitaciones de las empresas tradicionales.

2.2.3. ¿Cómo empezamos nuestra *start-up*?

Es importante tener en cuenta que el 93% de las *start-ups* fracasan. La principal razón de este alto porcentaje de fracasos es que muchas *start-ups* abordan problemas que realmente no existen o que no tienen la demanda suficiente en el mercado. A continuación, exploramos las variables clave que los emprendedores deben tener en cuenta al iniciar una *start-up*:

1. *Deseabilidad.* Es fundamental validar que el producto o servicio que queremos ofrecer realmente soluciona un problema que existe en el mercado. A menudo, lo que creemos que le gusta a nuestro público no es lo que realmente quiere. Validar la necesidad de nuestro producto o servicio con los consumidores potenciales es esencial para evitar fallos costosos.

2. *Viabilidad.* La viabilidad implica analizar la rentabilidad del negocio a largo plazo. Debemos asegurarnos de que el producto/servicio sea económicamente viable y que pueda generar ingresos suficientes para sostener y hacer crecer el negocio.

3. *Factibilidad.* Crear un prototipo (MVP) es esencial para verificar que el producto es realmente manufacturable y que cumple con las especificaciones necesarias para satisfacer las expectativas del mercado. Este prototipo debe ser viable y demostrar que se puede fabricar y vender.

Lo que debemos analizar a la hora de crear una *start-up*

- *Análisis del sector.* Debemos entender el sector al que vamos a entrar. Esto incluye analizar la demanda, el número de competidores, las cifras económicas del sector y las perspectivas de futuro.

- *Oferta y competencia.* Estudiar la competencia es clave para entender cómo se comporta el mercado. Comparar catálogos de ofertas de los competidores, analizar su rentabilidad y crecimiento nos ayudará a identificar nuestra propuesta de valor única.

Verificación de la idea y MVP

Al llegar al desarrollo de la *start-up*, debemos hacernos varias preguntas clave para verificar la viabilidad de nuestra idea:

- ¿Es una buena idea de *start-up*?
- ¿El problema existe realmente?
- ¿Estamos ofreciendo una buena solución?
- ¿Existen clientes potenciales para la solución?

Una vez respondidas estas preguntas, se procede a crear el MVP (producto mínimo viable), que consiste en una versión simplificada del producto que satisface las principales necesidades del cliente.

El equipo fundador

Mas del 90% de las *start-ups* exitosas tienen más de un cofundador. Es crucial encontrar cofundadores que complementen nuestras habilidades. Al formar un equipo sólido, se pueden abordar mejor las tareas diarias y los retos del negocio.

El *business plan*

El *business plan* es una herramienta clave para guiar el crecimiento del negocio. Debe incluir:

- Estrategias de marketing.
- Proyecciones financieras.
- Plan de financiación.

Un buen plan de negocio no solo es necesario para la obtención de capital, sino que también nos ayuda a entender si nuestro negocio es rentable y si la idea tiene potencial de crecimiento.

Consideraciones legales

Es importante tener en cuenta los aspectos legales desde el inicio. Algunas áreas clave que considerar son:

- Pacto de socios.
- Protección de datos.
- Derechos laborales de los empleados.
- Fiscalidad.

Es recomendable contar con un abogado de referencia para gestionar estos aspectos legales.

Medición del éxito con KPI

Los KPI son esenciales para medir el rendimiento de la *start-up*. Los indicadores clave son:

- Número de usuarios activos (MAU y DAU).

- Ingresos por usuario (ARPU).

- Coste de adquisición de clientes (CAC).

- Valor de vida del cliente (LTV).

Estos KPI ayudan a evaluar si la *start-up* está alcanzando sus objetivos.

2.2.4. Ciclo de financiación de las *start-ups*

El inicio de cualquier negocio, especialmente una *start-up*, requiere una inversión significativa para cubrir gastos iniciales como la creación del producto, la investigación y desarrollo (I+D), el marketing y otros costes operativos. La financiación en las primeras etapas es crucial, ya que en muchos casos los ingresos no cubren los gastos hasta que la empresa logra una masa crítica. A continuación, detallamos las fuentes de financiación más comunes en las primeras etapas de una *start-up*.

Financiación propia

La financiación propia es la inversión inicial que proviene directamente de los fundadores o emprendedores. Esto puede incluir:

- *Ahorros personales.* Muchos emprendedores comienzan financiando su *start-up* con dinero propio, es decir, utilizando sus ahorros personales o dinero que tienen disponible en cuentas bancarias.

- *Recursos familiares y amigos.* En las primeras etapas, los emprendedores pueden recurrir a su familia y amigos para obtener financiamiento. Este tipo de financiación es informal y puede ser tanto dinero como préstamos. A menudo, este tipo de financiamiento no implica una evaluación rigurosa del proyecto, pero también puede generar presión si no se gestionan bien los recursos.

Financiación externa: 3F (*friends, family and fools*)

La financiación externa más común en las primeras etapas es el denominado 3F (*friends, family and fools*), que consiste en:

- *Friends (amigos):* Los emprendedores a menudo recurren a sus amigos cercanos, quienes pueden estar dispuestos a invertir en el negocio en sus primeras etapas. Esta es una forma rápida de conseguir financiación, pero puede complicar las relaciones personales si la *start-up* no tiene éxito.

- *Family (familia):* Similar a los amigos, los familiares cercanos son una fuente común de financiamiento en las primeras etapas. Los familiares pueden ofrecer préstamos o inversiones directas a cambio de un pequeño porcentaje de participación en el negocio. Sin embargo, esta opción también tiene riesgos emocionales y familiares si el negocio no tiene éxito.

- *Fools (tontos):* El término *fools* se utiliza para referirse a personas que, por diferentes razones, se sienten atraídas por una idea innovadora, aunque no necesariamente tengan experiencia en el negocio. Estas personas pueden ser inversores primerizos que buscan invertir en nuevas empresas sin conocer todos los riesgos asociados.

Business angels

Una vez que la idea de negocio ha sido validada y el proyecto ha avanzado más allá de las primeras etapas, los emprendedores pueden buscar el apoyo de *business angels*. Estos son inversores privados que proporcionan capital en las primeras etapas a cambio de un porcentaje de participación en la empresa. Los *business angels* pueden ser individuos o grupos de inversores que buscan oportunidades en empresas de alto riesgo, pero con el potencial de generar grandes retornos.

- *Valor añadido.* Los *business angels* no solo aportan dinero, sino también experiencia y contactos. Muchos de ellos tienen experiencia en el sector en el que están invirtiendo, por lo que ofrecen mentoría, asesoramiento estratégico y apoyo en la toma de decisiones.

- *Rondas de inversión inicial.* Los *business angels* suelen invertir en lo que se conoce como la ronda semilla o *seed round*, que es la primera ronda de financiamiento de la *start-up* para ayudar a cubrir los primeros costes operativos, el desarrollo del producto y la expansión inicial.

Fondos de capital riesgo (*venture capital*)

El capital riesgo (*venture capital*) es una de las fuentes más importantes de financiación para *start-ups* en etapa de crecimiento. Los fondos de venture capital invierten dinero en empresas con un alto potencial de crecimiento, pero que también presentan riesgos significativos.

- *Etapas de financiación.* El capital riesgo se utiliza principalmente en rondas de financiamiento posteriores a la inversión inicial de los *business angels*. Estas rondas incluyen la ronda A, ronda B y más, dependiendo del crecimiento y las necesidades de la empresa.

- *Inversión en empresas con alto crecimiento.* Los fondos de *venture capital* buscan empresas que tengan el potencial de escalar rápidamente. A cambio de la inversión, los fondos de *venture capital* suelen exigir una gran participación en el accionariado y a menudo asumen una posición en la junta directiva para influir en la toma de decisiones estratégicas.

Microcréditos y ayudas públicas

En muchos países, existen programas de microfinanciación y ayudas públicas que proporcionan financiación para las *start-ups* y pequeñas empresas, especialmente en sus primeras etapas.

- *Microcréditos.* Son préstamos de pequeña cuantía que los emprendedores pueden utilizar para financiar los primeros gastos operativos o el desarrollo inicial del producto. Estos préstamos suelen estar disponibles a través de organismos gubernamentales, bancos y organizaciones sin fines de lucro.

- *Subvenciones y ayudas públicas.* Los Gobiernos y las agencias públicas ofrecen diversas subvenciones y ayudas no reembolsables a empresas en sus primeras fases. Estas ayudas pueden ser para la investigación y desarrollo (I+D), la creación de empleo o la implementación de tecnologías innovadoras.

- *Préstamos blandos.* Existen préstamos con condiciones ventajosas, conocidos como préstamos blandos o subvenciones, que suelen ofrecer tasas de interés más bajas que los préstamos tradicionales.

Crowdfunding (financiación colectiva)

El *crowdfunding* es una forma de obtener financiación a través de aportaciones pequeñas de un gran número de personas, generalmente a través de plataformas en línea. Algunos tipos comunes de *crowdfunding* son:

- *Crowdfunding de recompensas.* Los emprendedores ofrecen recompensas a cambio de pequeñas inversiones. Por ejemplo, los *backers* pueden recibir productos o servicios cuando la *start-up* tenga éxito.

- *Crowdfunding de acciones.* Los emprendedores ofrecen participaciones en la empresa a cambio de financiación. Los inversores reciben acciones de la *start-up* y, a cambio, esperan una rentabilidad si la empresa crece y tiene éxito.

Las primeras etapas de financiación son fundamentales para el éxito de una *start-up*. El capital inicial, que proviene de fuentes como financiación propia, *business angels,* capital riesgo y microcréditos, es esencial para poner en marcha el negocio y llevar a cabo la fase inicial de desarrollo. Es importante que los emprendedores sean conscientes de las diversas fuentes de financiación disponibles y de cómo pueden utilizarlas de manera estratégica para garantizar la viabilidad y el crecimiento de su empresa.

2.3. Tipologías de negocio

Internet ha permitido replicar modelos de negocio tradicionales, pero también ha dado lugar a modelos de negocio exclusivos para el entorno *online*, que son posibles gracias a la evolución de las tecnologías emergentes y el uso intensivo de datos. Estos modelos se han convertido en los más representativos de la economía digital y han tenido un impacto significativo en todos los sectores. A continuación, exploraremos cuatro de los modelos de negocio *online* más relevantes, profundizando en sus características, evolución, desafíos y cómo han integrado nuevas tecnologías como la inteligencia artificial (IA):

- *Ecommerce*.
- Buscadores, agregadores y comparadores.
- Plataformas.
- Ecosistemas.

2.3.1. *Ecommerce*

El *ecommerce* o comercio electrónico es el modelo de negocio más representativo y conocido en el mundo digital, que consiste en la compra y venta de productos o servicios a través de Internet. Su evolución ha sido impresionante desde sus inicios en los años veinte, pero fue en los años noventa cuando empezó a consolidarse como lo conocemos hoy.

- Orígenes y evolución:
    - Década de 1990, aparecen los primeros sistemas de pago seguro, como los protocolos SSL, lo que hace posible realizar transacciones con tarjeta de crédito de forma segura.

- En 1995, eBay (Auction Web) y Amazon (Cadabra) comienzan a operar vendiendo productos de segunda mano y libros, respectivamente. Desde entonces, Amazon ha evolucionado hacia un gigante del *ecommerce* que ofrece millones de productos y servicios no solo físicos sino también digitales.
- Con el paso del tiempo, el *ecommerce* ha incorporado tecnologías como la inteligencia artificial, el *machine learning* y el *big data* para personalizar la experiencia del usuario, prever demandas y optimizar precios en tiempo real.

• Características del *ecommerce*:

- *Oferta y precios:* Los comercios *online* pueden ofrecer precios competitivos gracias a la reducción de costes operativos, lo que les permite ofrecer márgenes más grandes y ser más agresivos en términos de precios. La IA y los algoritmos predictivos permiten hacer ajustes de precios en tiempo real basados en la demanda, competencia y comportamientos del consumidor.
- *Variedad de productos:* El *ecommerce* no tiene las limitaciones de espacio físico que enfrenta el comercio tradicional, lo que le permite ofrecer una amplia variedad de productos sin necesidad de mantener un *stock* físico constante. A nivel global, no hay barreras geográficas, lo que abre el mercado a clientes internacionales.
- *Fidelización y recompensas:* La fidelización de clientes se ve facilitada por herramientas automatizadas que utilizan datos de comportamiento. El uso de programas de fidelización y recompensas ayuda a las marcas a retener a los clientes, generando relaciones a largo plazo.
- *Riesgos de la compra online:*
  - *Producto.* Aunque la tecnología ha avanzado, algunos productos, como perfumes o ropa, siguen siendo difíciles de vender *online* debido a la imposibilidad de

experimentar directamente el producto. Las soluciones como la realidad aumentada (AR) están empezando a abordar estas limitaciones, pero no son totalmente efectivas.

- *Envíos y logística*. El envío de productos y la última milla continúan siendo retos, especialmente en áreas rurales. Las soluciones de última milla están evolucionando con empresas que buscan nuevas formas de reducir los tiempos de entrega.

- *Devoluciones*. Aunque las políticas de devolución se han estandarizado en muchos sitios, la barrera psicológica de devolver productos sigue siendo un factor disuasivo.

- *Pago y confianza*. La desconfianza en los métodos de pago sigue siendo un desafío, especialmente debido a los fraudes *online*. La financiación *online* también sigue en evolución, con más alternativas como pagos fraccionados o sistemas de pago como PayPal o Apple Pay que buscan resolver estas inquietudes.

- *Motivadores de la compra online:*

  - *Precio*. El precio sigue siendo el principal motor de la compra *online*, ya que la comparación de precios es mucho más fácil que en el entorno físico.

  - *Comodidad*. La capacidad de comprar a cualquier hora, sin limitaciones de horarios, es una de las principales razones por las que los consumidores prefieren el comercio electrónico.

- *Desmotivadores de la compra online.*

  - *Preocupación por la privacidad*. El uso de datos personales se ha convertido en una preocupación creciente entre los consumidores. Las leyes de privacidad como el RGPD buscan dar más control a los usuarios, pero el fraude sigue siendo una preocupación.

– *Experiencia.* La experiencia física sigue siendo superior en muchos aspectos. A pesar de los esfuerzos por replicar la experiencia en línea, como el uso de realidad aumentada (AR), la experiencia *online* aún no puede competir con la interacción en persona en muchas categorías de productos.

2.3.2. Buscadores, agregadores y comparadores

Este modelo de negocio se basa en la captación de tráfico y la venta de espacio publicitario o datos obtenidos de los usuarios. Estos sitios web tienen un modelo diferente al de las tiendas *online* directas, ya que no venden productos directamente, sino que facilitan la información y el acceso a otros sitios o servicios.

- *Modelos de ingresos.*
  - *Publicidad.* La principal fuente de ingresos proviene de la venta de espacios publicitarios. Plataformas como Google o Facebook capturan millones de datos de usuarios y los utilizan para dirigir anuncios altamente segmentados a audiencias específicas.
  - *Monetización de datos.* Estos sitios web también generan ingresos a través de la venta de datos o el uso de IA para mejorar la personalización de los anuncios.
- *Modelos híbridos.* Muchas de estas plataformas ahora están integrando opciones de compra directa para aumentar los ingresos, al permitir transacciones dentro de sus sitios (ejemplo: Facebook Marketplace o Amazon con su sección de comparadores de precios).

2.3.3. Plataformas

Las plataformas representan un modelo de negocio en red, donde el valor se crea a través de la interacción de múltiples usuarios dentro del sistema. Estas plataformas se basan en una economía de red, lo que significa que a medida que más usuarios se unen, el valor para cada usuario aumenta.

- *Características clave:*
  - *Usuarios y desarrolladores.* El activo más importante de una plataforma son sus usuarios. Sin una base crítica de usuarios, una plataforma no tiene valor. Además, los desarrolladores o proveedores de servicios juegan un papel importante al agregar valor adicional a la plataforma.
  - *Interacciones.* El valor se crea fuera de la plataforma mediante la interacción entre los usuarios. Plataformas como Uber, Airbnb o Facebook son ejemplos claros de cómo las interacciones en una plataforma pueden generar un valor significativo.

- *Riesgos*: El riesgo de fuga de usuarios (*lock-in*) es significativo, y una de las estrategias clave de estas plataformas es generar costes elevados de cambio para mantener a los usuarios dentro del ecosistema.

- *Ejemplo:* Amazon comenzó como una tienda *online* y ha evolucionado a plataforma al integrar servicios como Amazon Prime, AWS (servicios en la nube) y una plataforma de *streaming* (Amazon Video). Además, su plataforma ha evolucionado en un ecosistema cerrado donde los usuarios pueden comprar, almacenar datos, consumir entretenimiento y mucho más.

2.3.4. Ecosistemas

Los ecosistemas digitales son plataformas que ofrecen un entorno autosuficiente donde los usuarios pueden satisfacer todas sus necesidades sin tener que salir de la plataforma. Estos ecosistemas están diseñados para ser cerrados, lo que permite a las empresas recolectar más datos sobre sus usuarios.

- *Autosuficiencia.* Los ecosistemas permiten que los usuarios obtengan todo lo que necesitan dentro de la plataforma, lo que los fija dentro de su entorno durante más tiempo.

- *Fijación de usuarios.* Al mantener a los usuarios dentro del ecosistema, la empresa puede recopilar más datos de comportamiento y utilizar IA para mejorar la personalización y optimizar los servicios ofrecidos.

- *Ejemplo:* Apple ha creado uno de los ecosistemas más exitosos al integrar productos (iPhone, MacBook, etc.), servicios (iCloud, Apple Music, etc.) y *software* en una plataforma cerrada, creando un entorno que resulta difícil de abandonar para sus usuarios.

La evolución del *ecommerce*, buscadores, agregadores, plataformas y ecosistemas ha sido facilitada por avances en tecnologías emergentes, como la IA, el *big data* y la automatización. Estos modelos no solo permiten la venta de productos, sino que también crean nuevas formas de interacción, personalización y experiencia para los usuarios. Sin embargo, los retos como la privacidad de los datos, la logística y la competencia siguen siendo áreas críticas para el futuro de estos modelos de negocio.

2.4. Negocios digitales y emprendimiento. Proyectos digitales

En el mundo de los negocios digitales, la gestión de proyectos se ha convertido en un componente esencial para garantizar el éxito de una *start-up* o cualquier emprendimiento digital. La forma en que se gestionan los proyectos influye directamente en la capacidad de la empresa para alcanzar sus objetivos, optimizar sus recursos y adaptarse a los cambios rápidos del entorno digital.

A continuación, exploramos el *project management*, las metodologías para el desarrollo de proyectos, y cómo estas se aplican en el contexto de los proyectos digitales, donde destacan las ventajas de metodologías como Agile.

2.4.1. *Project management*: definición y función

El *project management* (gestión de proyectos) se define según el Project Management Institute (PMI) como la «aplicación de conocimientos, habilidades, herramientas y técnicas a las actividades del proyecto para cumplir con los requisitos del mismo» (PMI, 2014). La gestión de proyectos no es simplemente una cuestión de organización de tareas, sino que implica una toma de decisiones estratégica para alcanzar los objetivos del proyecto dentro de los plazos, el presupuesto y las especificaciones acordadas.

Dirigir un proyecto implica tomar decisiones críticas, impartir instrucciones, coordinar equipos, liderar grupos y asumir compromisos importantes. Algunos ejemplos incluyen:

- contratar un proyecto;
- seleccionar proveedores;
- ordenar pagos.

Por otro lado, *gestionar* se refiere a la acción de definir tareas diarias, prever las necesidades, organizar recursos, programar trabajos y supervisar el cumplimiento de las tareas planificadas. A lo largo del proyecto, se deben tomar medidas para corregir desviaciones y asegurarse de que el proyecto sigue el camino adecuado hacia sus objetivos.

2.4.2. Metodologías para el desarrollo de un proyecto

Una de las decisiones más cruciales a la hora de gestionar un proyecto digital es elegir la metodología adecuada. La elección de la metodología no depende tanto del tipo de tecnología utilizada, sino de cómo se quiere organizar el trabajo para asegurar que las metas del proyecto sean alcanzadas con éxito. En el ámbito digital, las metodologías ágiles han destacado por su capacidad para gestionar proyectos en entornos dinámicos y cambiantes.

2.4.3. Metodologías Agile: adaptabilidad en escenarios cambiantes

Las metodologías ágiles han revolucionado la gestión de proyectos, especialmente en el ámbito digital y tecnológico, al ofrecer un enfoque más flexible y adaptado a los cambios continuos que enfrentan los negocios digitales. La principal característica de estas metodologías es que los proyectos se gestionan a partir de respuestas rápidas y flexibilidad para ajustarse a un entorno de negocio que puede cambiar constantemente.

Algunas de las principales características de las metodologías ágiles son:

- *Proyectos dinámicos.* Los proyectos ágiles están diseñados para ser dinámicos y evolucionar constantemente, permitiendo cambios rápidos a medida que surgen nuevos desafíos o se obtienen nuevos datos.

- *Empoderamiento del equipo de trabajo.* En un entorno ágil, el equipo de trabajo (también conocido como *squad*) tiene la autonomía para tomar decisiones y realizar ajustes rápidos. Esto fomenta un alto nivel de colaboración y responsabilidad compartida dentro del equipo.

- *Enriquecimiento continuo.* A lo largo del desarrollo del proyecto, la información fluye de manera continua para que el equipo pueda adaptarse a los cambios y mejorar los entregables con cada ciclo.

- *Trabajo colaborativo y multidisciplinario.* Los equipos ágiles están conformados por personas de diferentes disciplinas que trabajan de forma conjunta. Esto facilita la integración de diversas perspectivas y habilidades, creando un enfoque holístico para el desarrollo del proyecto.

- *Modelo de gestión evolutivo.* Las metodologías ágiles no buscan seguir un plan rígido de inicio a fin, sino que operan bajo un modelo de gestión evolutiva, donde las decisiones son tomadas con base en los resultados obtenidos a lo largo del proceso.

2.4.4. Ventajas de las metodologías Agile

Las metodologías ágiles ofrecen una serie de ventajas, especialmente para los proyectos digitales, donde los cambios rápidos y la incertidumbre son comunes:

1. *Colaboración.* Promueve un entorno altamente colaborativo, donde todas las partes interesadas están involucradas activamente en la toma de decisiones y en el progreso del proyecto.

2. *Visión de equipo.* Fomenta una visión colectiva del proyecto, donde todos los miembros del equipo se sienten responsables del éxito general del proyecto y trabajan juntos para alcanzar los objetivos.

3. *Documentación mínima al inicio.* A diferencia de otras metodologías más tradicionales que requieren una documentación exhaustiva desde el inicio, las metodologías ágiles optan por minimizar la documentación en las primeras fases, lo que permite una mayor flexibilidad y una rápida adaptación a los cambios.

4. *Enfoque adaptativo.* Permite que el equipo se adapte rápidamente a los cambios. Si alguna parte del proyecto no está funcionando según lo esperado, el equipo puede cambiar de dirección sin que eso implique una gran pérdida de tiempo o recursos.

5. *Bajo coste para cambios de enfoque.* En el modelo ágil, realizar un cambio de enfoque, ya sea de dirección o de prioridades, tiene un bajo coste, lo que permite a las empresas ajustarse rápidamente a las condiciones cambiantes del mercado o las necesidades de los usuarios.

6. *Feedback temprano.* Las metodologías ágiles permiten obtener retroalimentación temprana de los clientes o usuarios finales, lo que reduce el riesgo de fallos a largo plazo. Al tener ciclos de trabajo más cortos y entregas continuas, el equipo puede validar si están cumpliendo con las expectativas del cliente en tiempo real.

2.4.5. Otras metodologías y enfoques en proyectos digitales

Además de las metodologías ágiles, existen otras técnicas que también se utilizan ampliamente en los proyectos digitales:

- Scrum, una de las metodologías ágiles más populares, se centra en la gestión eficiente de proyectos a través de ciclos cortos llamados *sprints*.

- Kanban utiliza un enfoque visual para gestionar el flujo de trabajo y se enfoca en la mejora continua.

- Lean se basa en optimizar los recursos y minimizar el desperdicio, permitiendo a las empresas operar de forma más eficiente y ágil.

2.4.6. La importancia del *project management* en proyectos digitales

El éxito de un proyecto digital no depende solo de la elección de la metodología correcta, sino también de la habilidad del equipo para gestionar el proceso de principio a fin. La gestión efectiva del proyecto asegura que las tareas se completen dentro del presupuesto, en el tiempo adecuado y con la calidad necesaria. Además, los proyectos digitales requieren una planificación estratégica, la asignación de los recursos necesarios y un seguimiento constante para hacer frente a cualquier desviación en el camino.

2.5. Investigación de mercados y herramientas digitales

La investigación de mercados digitales es esencial para crear un proyecto digital exitoso. Ayuda a validar la viabilidad de una idea antes de lanzarla al mercado y a entender el comportamiento de los usuarios en el contexto digital. Este tipo de investigación es crucial para identificar oportunidades, realizar ajustes y minimizar riesgos.

2.5.1. Estudios de mercado digital: fases y necesidad de investigación

Para desarrollar un proyecto digital, la investigación debe estar orientada hacia la filosofía de *customer centricity*, es decir, centrarse en el cliente. Desde la ideación hasta la ejecución del proyecto, se debe hacer investigación constante para garantizar que el producto o servicio sea relevante y tenga demanda en el mercado:

1. *Fase de ideación.* Aquí es donde comienza la validación inicial de la idea para entender si resuelve un problema real y si tiene un mercado potencial.

2. *Fase de conceptualización.* En esta fase, los proyectos digitales comienzan a cobrar forma. A través de herramientas como el AB Testing, es posible probar la aceptación de las ideas en tiempo real y ajustar elementos del producto en base al *feedback* recibido.

3. *Fase de ejecución.* A medida que el proyecto se desarrolla, las herramientas de medición y análisis permiten verificar los resultados reales y hacer ajustes sobre la marcha.

2.5.2. Fuentes de investigación *online*

Para evaluar la viabilidad de un proyecto digital, existen dos tipos principales de fuentes de información: internas y externas.

1. *Fuentes internas.* Estas son las fuentes de información que provienen directamente de las interacciones de los usuarios con el sistema digital. En este caso, el *big data* juega un papel crucial, ya que nos permite registrar y analizar comportamientos y patrones de usuarios de manera detallada. La recopilación de datos a través de interacciones de clientes, procesos y navegación *online* ofrece una visión profunda del *customer journey*.

    – *Big data.* El *big data* permite analizar grandes volúmenes de información y encontrar patrones, lo que facilita la creación de segmentos de clientes, audiencias personalizadas y la identificación de las principales preferencias del consumidor.

    – *Journey del cliente.* Al estudiar cómo los usuarios interactúan en tiempo real con el sistema, se pueden observar patrones de comportamiento y desviaciones que podrían indicar oportunidades o problemas dentro del flujo de compra.

- *Testing en tiempo real.* Herramientas como el AB Testing permiten realizar pruebas con los usuarios y validar conceptos, ajustando variables como mensajes, colores o CTA (*call to action*) y evaluar su efectividad según los KPI como la conversión o la lealtad.

2. *Fuentes externas.* Aparte de los datos internos, es importante consultar fuentes externas como encuestas y *focus groups* para obtener información directa del mercado y conocer las opiniones de los consumidores.

   - *Investigación cuantitativa.* A través de encuestas *online,* se pueden obtener datos sobre las preferencias, los comportamientos de compra y las percepciones de los clientes.
   - *Investigación cualitativa.* Los *focus groups*, las entrevistas en profundidad y los test *funnels* permiten obtener *insights* más detallados y cualitativos sobre cómo los consumidores piensan y sienten acerca de un producto o idea.

2.5.3. Cómo analizar en digital: herramientas y técnicas

El análisis de la viabilidad de un proyecto digital implica el uso de diversas herramientas y técnicas adaptadas al entorno digital. Entre ellas, la omnicanalidad es clave para garantizar que los consumidores tengan una experiencia coherente a través de todos los canales digitales:

1. *Omnicanalidad.* Los consumidores hoy en día interactúan con las marcas no solo a través de sitios web, sino también en aplicaciones móviles, redes sociales o dispositivos de voz, entre otros. Es necesario ofrecer una experiencia fluida y coherente en todos estos puntos de contacto.

2. *Mobile first.* El diseño y la experiencia de usuario deben estar optimizados principalmente para dispositivos móviles, ya que

el uso de *smartphones* ha superado al de computadoras de escritorio. Esto no significa solo tener un diseño *responsive*, sino que las estrategias digitales deben estar construidas con un enfoque móvil.

3. *Agile research.* Esta metodología de investigación se basa en un enfoque iterativo y adaptativo, lo que permite ir ajustando el proceso de investigación a medida que se obtienen nuevos datos. Esta metodología es muy útil en proyectos digitales, ya que permite obtener *insights* continuos y en tiempo real de los usuarios.

2.5.4. Herramientas de medición y recolección de datos

Existen varias herramientas clave para realizar medición y recolección de datos sobre el comportamiento de los usuarios en tiempo real:

- Hotjar permite registrar las interacciones de los usuarios, mostrar mapas de calor, grabar sesiones y obtener *feedback* directo a través de encuestas.

- Google Analytics es una de las herramientas más utilizadas para medir el tráfico web y analizar el comportamiento de los usuarios en el sitio, identificando las fuentes de tráfico, la tasa de rebote, las conversiones y mucho más.

- Zoho ofrece CRM y herramientas de análisis para gestionar las relaciones con los clientes, comprender su comportamiento y analizar su actividad en el sitio.

- MouseFlow, similar a Hotjar, permite ver cómo interactúan los usuarios en el sitio web y grabar sus sesiones para obtener *insights* valiosos sobre su comportamiento.

- Crazy Egg proporciona mapas de calor y análisis visuales para entender cómo los usuarios navegan por un sitio y qué áreas generan más interacción.

Es importante recordar que todos estos procesos de recolección de datos deben ser transparentes para los usuarios y cumplir con normativas de privacidad como el RGPD.

2.5.5. *Neuroresearch*: investigaciones en marketing y neurociencia

Las técnicas de neurociencia están ganando popularidad en el ámbito del marketing digital para entender mejor las respuestas emocionales de los consumidores ante ciertos estímulos. Algunas técnicas son:

- *Eye tracking.* Permite analizar los movimientos oculares para ver dónde fijan los usuarios su atención en una página web.

- *Electroencefalograma (EEG).* Mide las ondas cerebrales de los usuarios para estudiar su respuesta emocional.

- *Facial coding.* Analiza las expresiones faciales para identificar las emociones del consumidor ante un producto o anuncio.

2.5.6. *Social listening*: monitoreo de conversaciones en redes sociales

El *social listening* permite seguir las conversaciones de los consumidores en redes sociales, blogs y foros para conocer sus opiniones, preocupaciones y emociones. Este monitoreo es esencial para detectar tendencias emergentes, sentimientos del cliente y posibles crisis de reputación.

La investigación de mercados digitales es fundamental para cualquier negocio digital exitoso. Al combinar *big data*, metodologías ágiles, pruebas de usuarios en tiempo real y técnicas como neurociencia y *social listening*, los emprendedores pueden obtener información clave para tomar decisiones informadas, reducir riesgos y asegurar que su proyecto esté alineado con las necesidades reales del mercado. Con el uso adecuado de estas herramientas, es posible optimizar la experiencia del cliente, mejorar los productos y aumentar la tasa de conversión en todas las fases del proyecto digital.

2.6. Entrevista

Toni Abadal. *Director de consumo* en CaixaBank

1. ¿Es posible hoy en día el emprendimiento fuera de lo digital?

Emprender es una actitud y podemos encontrar supervivencia fuera de lo digital pero no éxito. Dejar de lado lo digital es asegurar la derrota. Emprender poniendo barreras es fallar antes de empezar.

2. ¿Qué significa éxito en un negocio digital?

Éxito es escala, capacidad de multiplicarte a gran velocidad sin perder calidad de servicio/producto. El mundo digital te ofrece la posibilidad de estar fácilmente en todo el globo; alcanzarlo es el éxito.

3. ¿En qué nos ayuda el acceso a los datos en el entorno digital? ¿El *big data*?

Los datos son nuestros ojos. Sin datos no hay camino que seguir ni orientación. Tomar decisiones sin datos es de los errores más comunes en los negocios, físicos y digitales. Los datos son importantes ya no solo en el propio negocio sino en el momento 0, previo a la constitución de la empresa. Con *big data* ya no nos planteamos la importancia de los datos; evolucionamos hacia la necesidad de seleccionar. Hay tanta información que lo realmente importante pasa a ser seleccionar aquellos que te pueden ayudar a dar un salto.

4. ¿Cuál es la principal fuerza del equipo en el emprendimiento?

El equipo tiene que ser autónomo para poder tomar decisiones y crecer, pero, por encima de todo, curioso. Esa curiosidad tiene que ser innata, una llama constante en los ojos, esa ilusión que te hará dar el 150%. Las personas, y no las ideas, son las que marcan la diferencia en los proyectos.

5. **¿Podemos aplicar técnicas clásicas de investigación en los negocios digitales?**

Por supuesto: el aclamado *benchmark* de toda la vida, espiar al vecino. Antes mandabas a alguien del equipo a visitar las tiendas de la competencia, ahora lo tienes que hacer en el mundo digital. Obviamente tienes herramientas que te ayudan a ello, robots que monitorizan las actividades, pero el concepto es exactamente el mismo.

Capítulo 3

Digital design & user experience (UX)

3.1. Tecnología web

El primer paso para conseguir una experiencia de usuario efectiva (UX) es un buen desarrollo del entorno web. La web, desde un punto de vista programático, es el primer elemento que va a intervenir directamente en la usabilidad de la página.

En este sentido, se deben tener claros algunos aspectos clave para garantizar una experiencia fluida y atractiva:

1. *Estructura o mapa de la web.* La organización de todos los apartados de la página debe ser intuitiva y lógica. Los elementos deben encontrarse en lugares donde los usuarios esperen encontrarlos, siguiendo patrones que faciliten la navegación sin generar fricciones.

2. *Contenido.* El contenido es fundamental y debe aportar un valor real a la página. Es imprescindible estudiar en profundidad las necesidades del público objetivo para garantizar que la información presentada sea relevante y útil. Además, este contenido debe ser compatible con los motores de búsqueda, especialmente Google, lo que implica que debe estar optimizado tanto para la experiencia del usuario como para el SEO (*search engine optimization*).

3. *Diseño.* El diseño de la página juega un papel clave en la experiencia del usuario. Elementos como los colores, la tipografía y las imágenes tienen un impacto directo en la atracción, la permanencia en el sitio y la tasa de retorno de los usuarios. Un diseño visualmente atractivo y coherente contribuye al *engagement* de los usuarios.

4. *Elementos que dinamizan la web.* Además de los aspectos visuales, es crucial considerar todos los elementos interactivos que facilitan la navegación, como los botones, formularios, enlaces y elementos dinámicos que responden a las interacciones del usuario. Estos elementos ayudan a mejorar la usabilidad y la experiencia general de la web.

Para que un sitio web sea efectivo, debe integrar todos estos componentes de manera coherente y armónica, garantizando que cada parte cumpla su función sin crear barreras o confusión para el usuario.

3.1.1. HTML 5

HTML 5 es un lenguaje de marcas ampliamente utilizado para el desarrollo de páginas web modernas. Este estándar ha sido desarrollado por el World Wide Web Consortium (W3C) y se ha convertido en la piedra angular para crear contenido web accesible y dinámico.

1. *Estructura y contenido.* HTML 5 define la estructura básica de una página web, permitiendo al desarrollador organizar de manera clara los distintos elementos, como encabezados, párrafos, enlaces, imágenes, formularios, etc. Es fundamental para establecer la base estructural de una web antes de aplicar cualquier estilo visual.

2. *Diseño visual.* Aunque HTML 5 define la estructura, CSS (*cascading style sheets*) se encarga de definir la apariencia visual de la página. A través de CSS, los desarrolladores pueden controlar elementos como el diseño, los colores, las tipografías y las animaciones. La separación entre estructura (HTML) y presentación (CSS) permite un diseño más limpio y adaptable.

3. *Soporte de multimedia.* HTML 5 introduce soporte nativo para elementos multimedia como audio y vídeo, lo que permite a los desarrolladores integrar contenido dinámico sin depender de complementos externos como Flash. Esto mejora la velocidad de carga y la accesibilidad de las páginas.

3.1.2. ¿Por qué HTML 5?

La llegada de HTML 4.0 fue una revolución en su época, pues cubría todas las necesidades web hasta cierto punto. Sin embargo, la web evolucionó rápidamente, integrando nuevas tecnologías y formatos de contenido más interactivos, lo que hizo que HTML 4.0 quedara obsoleto. Para superar estas limitaciones, se desarrolló HTML 5, que ofrece una serie de mejoras importantes:

- *Evolución tecnológica.* HTML 5 cubre las nuevas necesidades de la web moderna, como el soporte para gráficos en 2D y 3D, el almacenamiento local de datos (sin necesidad de cookies o servidores) y la integración de servicios como geolocalización y notificaciones *push*.

- *Adiós a Flash y Silverlight.* Antes de HTML 5, tecnologías como Flash y Silverlight eran las más utilizadas para ofrecer contenido interactivo y multimedia. Sin embargo, estas herramientas dependían de complementos y requerían que los usuarios las instalaran, lo que generaba fricciones. HTML 5 reemplaza estos métodos, proporcionando una experiencia multimedia más fluida y accesible directamente desde el navegador.

- *Mayor adaptabilidad.* HTML 5 facilita el desarrollo de aplicaciones web más sofisticadas y adaptativas, permitiendo la creación de sitios web que se ajustan mejor a dispositivos móviles y de escritorio. El enfoque de *mobile-first* se ve reflejado en este estándar, promoviendo la creación de sitios web adaptables *(responsive design)*.

3.1.3. El concepto de elemento HTML

Los elementos HTML son los componentes fundamentales que constituyen una página web. Cada elemento HTML cumple una función específica en la estructura de la página y se define mediante una etiqueta.

Los dos componentes básicos de un elemento HTML son:

1. *Atributos.* Los atributos proporcionan información adicional sobre un elemento. Se colocan dentro de la etiqueta de apertura y definen características como el color, el tamaño, la clase, la identificación, los enlaces, etc. Por ejemplo, el atributo href se usa para definir la URL a la que llevará un enlace.

2. *Contenido.* El contenido es el dato real que será mostrado en la página. Por ejemplo, en una etiqueta <p>, el contenido sería el texto del párrafo.

Un elemento HTML se suele estructurar de la siguiente manera:

```
<etiqueta atributo="valor">Contenido</etiqueta>
```

Por ejemplo, el siguiente código define un enlace a una página externa:

```
<a href="https://www.ejemplo.com">Visita nuestro sitio</a>
```

Este simple ejemplo de código HTML incluye:

- La etiqueta `<a>`, que representa un enlace.

- El atributo `href`, que contiene la URL a la que se dirigirá el enlace.

- El contenido «Visita nuestro sitio», que es el texto que verá el usuario.

La tecnología web es el cimiento sobre el que se construye la experiencia digital del usuario. Un sitio bien estructurado, con contenido relevante, diseño atractivo y elementos interactivos adecuados, genera una experiencia de usuario fluida y agradable. HTML 5, con sus mejoras en multimedia, accesibilidad y adaptabilidad, se ha consolidado como la herramienta principal para la creación de sitios web modernos.

Al comprender cómo funciona la estructura básica de HTML y cómo se integra con otras tecnologías como CSS y JavaScript, los desarrolladores pueden crear experiencias web interactivas y personalizadas que se ajusten a las necesidades de sus usuarios. Además, la continua evolución de estos lenguajes seguirá desempeñando un papel crucial en el desarrollo de la web del futuro, cada vez más orientada a la interacción, la accesibilidad y la optimización móvil.

3.2. Arquitectura de proyectos web

El desarrollo de un proyecto web exitoso no consiste solo en diseñar una página visualmente atractiva. Se trata de construir una infraestructura que sea robusta, eficiente y capaz de proporcionar una experiencia de usuario fluida. Esto se logra mediante la implementación de una arquitectura web que se divide en varias capas, cada una con un propósito específico. Estas capas trabajan de manera conjunta para crear una plataforma coherente y funcional.

Las principales capas presentes en la arquitectura de proyectos web son las siguientes:

1. Capa de presentación.

2. Capa de negocio.

3. Capa de contenido.

4. Capa de integración.

3.2.1. Capa de presentación

La capa de presentación es la interfaz que los usuarios ven y con la que interactúan directamente. Su objetivo principal es mostrar el contenido y permitir la navegación de manera intuitiva y fluida. Dentro de esta capa se definen:

- *Plantillas de página.* Determinan cómo se presentan los elementos visuales en el navegador, como la distribución de las imágenes, los textos, los botones y otros componentes de la interfaz.

- *API.* Las API (interfaces de programación de aplicaciones) se utilizan para comunicar la interfaz de usuario con el *backend.* Permiten que el *frontend* reciba y muestre datos dinámicos sin tener que recargar toda la página.

- *Flujo de navegación.* La estructura de navegación debe ser clara y facilitar al usuario moverse de una página a otra sin esfuerzo. Esto incluye menús, barras de búsqueda, enlaces, botones de acción, etc. Un flujo de navegación bien diseñado mejora la usabilidad y aumenta las probabilidades de conversión.

El diseño de esta capa debe garantizar que la experiencia del usuario sea intuitiva y atractiva, además de estar optimizada para dispositivos móviles y diversos tamaños de pantalla *(responsive design)*.

3.2.2. Capa de negocio

La capa de negocio se encarga de gestionar las reglas y los procesos fundamentales de la aplicación. Esta capa es donde se encuentran las funcionalidades clave que hacen funcionar el sitio web, como los cálculos, las validaciones y la lógica de aplicación.

- *Reglas de negocio.* Se refiere a las reglas que dictan cómo deben comportarse los procesos dentro del sistema. Estas reglas varían según el tipo de negocio y pueden incluir desde cómo calcular un descuento hasta cómo procesar pagos o gestionar inventarios.

- *Módulos de hospitalidad.* Por ejemplo, un motor de reservas o sistemas de gestión de reservas. Estos módulos permiten gestionar la disponibilidad, realizar la reserva, gestionar el pago y enviar confirmaciones de manera eficiente.

A medida que los proyectos web se hacen más complejos, se utilizan microservicios en esta capa para garantizar que cada componente sea autónomo, escalable y fácil de mantener.

3.2.3. Capa de contenido

La capa de contenido es la encargada de gestionar el material visual y textual que se presenta a los usuarios. Su función es organizar, almacenar y entregar contenido de manera eficiente según el contexto y las preferencias del usuario.

- *Contenido textual y multimedia.* Incluye descripciones de productos, artículos, imágenes, vídeos y otros recursos que los usuarios consumen.

- *Navegación lingüística.* Asegura que los usuarios obtengan el contenido correcto basado en su idioma o localización geográfica. Esto es particularmente importante para proyectos internacionales que necesitan adaptar su contenido a diferentes idiomas y culturas.

- *Mapeo de datos.* El mapeo de datos implica la estructuración del contenido de manera que sea fácilmente accesible para los usuarios. Esto incluye la organización de los datos en categorías, etiquetas y otras formas de jerarquización.

Es esencial que el contenido esté bien organizado y sea fácilmente actualizable, ya que los cambios frecuentes en la información deben reflejarse rápidamente en el sitio.

3.2.4. Capa de integración

La capa de integración es responsable de permitir la comunicación entre el *frontend* y el *backend*, así como con otras aplicaciones externas. En esta capa se gestionan todos los servicios de integración necesarios para que el sitio web funcione correctamente.

- *Servicios de integración:* Estos servicios permiten que los datos se intercambien de manera fluida entre diferentes sistemas, como bases de datos, servicios externos o aplicaciones de terceros (por ejemplo, plataformas de pago, sistemas de correo electrónico, etc.).

- *Microservicios:* Para garantizar el rendimiento y la escalabilidad, muchas empresas optan por utilizar microservicios, que permiten aislar funcionalidades específicas de la aplicación en módulos independientes. Esto facilita la mejora, el mantenimiento y la escalabilidad de la aplicación.

Además, en esta capa se incluyen tecnologías como API REST-ful, WebSockets y otros mecanismos de integración que facilitan la comunicación en tiempo real entre distintos sistemas.

Una arquitectura de proyecto web efectiva debe ser modular, escalable y eficiente, con capas bien definidas que gestionen la presentación, el negocio, el contenido y la integración de manera armónica. Cada una de estas capas cumple una función esencial para garantizar que la experiencia del usuario sea óptima, el negocio funcione correctamente y la web pueda escalar y adaptarse a las necesidades futuras del mercado. Además, el uso de microservicios, API y una correcta organización del contenido son componentes clave que permiten que el sistema sea flexible y de fácil mantenimiento.

3.3. Dirección y desarrollo de proyectos web

La creación de un sitio web o una aplicación es un proceso estructurado y meticuloso que involucra diversas fases para asegurar que el producto final cumpla con los objetivos del negocio, satisfaga las necesidades del usuario y esté listo para su lanzamiento en el mercado. Este proceso se divide en dos fases principales: la fase de conceptualización y la fase de construcción y lanzamiento. Ambas fases son esenciales para el éxito del proyecto y garantizan que los entregables sean funcionales, y estén bien diseñados y alineados con los objetivos estratégicos del cliente.

3.3.1. Fase de conceptualización

La fase de conceptualización tiene como objetivo principal analizar y entender los requisitos del proyecto. Durante esta fase, se busca establecer una base sólida para el desarrollo del sitio web o la aplicación, comenzando con reuniones clave con el cliente para identificar los objetivos y las necesidades fundamentales del proyecto. Para ello, se pueden realizar estudios como un *benchmark*, que analiza las prácticas y el rendimiento de los competidores en la misma industria, proporcionando una visión de las capacidades del mercado y las tendencias actuales.

La conceptualización se desglosa en tres subfases críticas:

1. *Analizar:*

   - Reunir la mayor cantidad de información posible para comprender a fondo las necesidades del cliente y los problemas que el proyecto busca resolver.

   - Realizar un análisis de la competencia para observar las mejores prácticas y detectar áreas de mejora o innovación.

   - Evaluar la situación actual y entender los puntos de dolor que deben ser solucionados a través del nuevo sitio web o aplicación.

2. *Definir:*

   - Definir los objetivos clave del proyecto, alineándolos con los objetivos estratégicos del negocio.

   - Establecer una hoja de ruta o cronograma de trabajo, destacando los hitos principales.

   - Refinar las historias de usuario que definen los comportamientos, las interacciones y las expectativas del usuario.

   - Crear un *backlog* de actividades que detalla todas las tareas que deben ser realizadas en el proyecto, jerarquizándolas en función de su prioridad.

3. *Planificar:*

   - Desarrollar un plan de acción detallado para las siguientes fases, asegurando que todos los recursos, las tareas y los plazos estén bien definidos.

   - Crear un diseño gráfico inicial del sitio web o la aplicación, alineado con los requerimientos de funcionalidad y la identidad de la marca.

- Refinar las historias de usuario y priorizar las funcionalidades que se desarrollarán en las siguientes fases.

El resultado de esta fase será una comprensión clara de los requisitos del cliente, una hoja de ruta que guiará el proyecto y un diseño preliminar que sentará las bases para el desarrollo del producto.

3.3.2. Fase de construcción y lanzamiento

La fase de construcción y lanzamiento es la etapa en la que se lleva a cabo la implementación real del proyecto. Esta fase es la más compleja, ya que involucra el desarrollo del código, la integración con sistemas externos, las pruebas de calidad y la puesta en marcha del sitio web o la aplicación. La buena gestión de esta fase es clave para el éxito del proyecto y requiere una comunicación efectiva entre todos los miembros del equipo, así como un liderazgo claro que garantice el cumplimiento de los tiempos, el presupuesto y el alcance.

La fase de construcción se desglosa en las siguientes subfases:

1. *Desarrollo:*

   - Desarrollar la estructura básica del sitio web utilizando tecnologías como HTML5 y CSS para garantizar una presentación correcta y adaptada a los diferentes dispositivos (*responsive design*).

   - Implementar el *backend* del sitio web, desarrollando las API necesarias para la comunicación entre el *frontend* y el *backend*, así como la integración con sistemas de bases de datos y otras plataformas externas (por ejemplo, plataformas de pago, CRM, etc.).

   - Personalizar el CMS (sistema de gestión de contenidos) para permitir la actualización de contenidos de manera fácil y efectiva sin necesidad de tener conocimientos técnicos.

2. *UAT (user acceptance testing):*

- En esta fase, se realizan pruebas internas para asegurarse de que el producto cumple con los requisitos funcionales y técnicos establecidos al inicio del proyecto.

- El equipo de control de calidad (QA) prueba la funcionalidad del sitio web para garantizar que todas las características funcionen como se espera. Esto incluye la validación de los formularios, los enlaces, los procesos de pago y la seguridad del sitio.

- Se validan también aspectos de usabilidad y accesibilidad, asegurando que el sitio sea fácil de navegar y accesible para usuarios con discapacidades.

3. *Go live:*

- La fase de *Go live* es cuando el sitio web o la aplicación es lanzado en un entorno en vivo, disponible para su uso por el público.

- Durante esta fase, el equipo debe asegurarse de que todo el contenido y las funcionalidades del sitio estén correctamente implementados y que el sistema esté optimizado para su rendimiento bajo condiciones reales.

- Es esencial monitorear el sistema de cerca después de la puesta en marcha para detectar cualquier problema de rendimiento, errores o fallos en la infraestructura.

4. *Soporte:*

- Una vez que el sitio web está en funcionamiento, es necesario proporcionar un soporte continuo para resolver cualquier error o problema que pueda surgir.

- Se realiza un seguimiento poslanzamiento para asegurar que el sitio esté operando correctamente y no haya problemas de rendimiento.

- Durante esta fase, se puede llevar a cabo un mantenimiento proactivo para implementar mejoras y optimizaciones según los comentarios de los usuarios y el análisis de los datos.

La fase de conceptualización y la fase de construcción y lanzamiento son fundamentales para asegurar el éxito del desarrollo de un proyecto web o app. La conceptualización establece las bases y directrices del proyecto, mientras que la fase de construcción y lanzamiento asegura que el sitio web cumpla con los requisitos técnicos y de usuario. Una gestión efectiva de estas fases, junto con una buena comunicación entre todas las partes involucradas, es esencial para desarrollar una solución que no solo cumpla con los objetivos de negocio, sino que también ofrezca una experiencia de usuario excelente y continúe evolucionando con el tiempo.

3.4. *User experience* (UX)

La *user experience* o experiencia de usuario (UX) es uno de los factores cruciales en el desarrollo de sitios web, aplicaciones y plataformas digitales. Si bien es difícil definir el concepto de manera estricta, ya que puede extenderse a casi todo en la interacción de una persona con un producto, desde el diseño de un botón de búsqueda hasta la combinación de colores y el tono del lenguaje utilizado, todos estos aspectos forman parte integral de la experiencia de usuario (Figura 3.1).

Como lo señala Mike Kuniavsky en *Observing the User Experience: A Practitioner's Guide to User Research* (Goodman, E., Kuniavsky, M. y Maed, A., 2012), la experiencia de usuario involucra no solo la interacción directa con los productos, sino también cómo las emociones, expectativas y percepciones del usuario son gestionadas a través de cada punto de contacto con la marca. En un mundo digital, la experiencia de usuario se convierte en la puerta de entrada que determina si el usuario se convertirá en un cliente potencial y, más aún, si se fidelizará con la marca.

Figura 3.1. Diferencias entre UX y UI

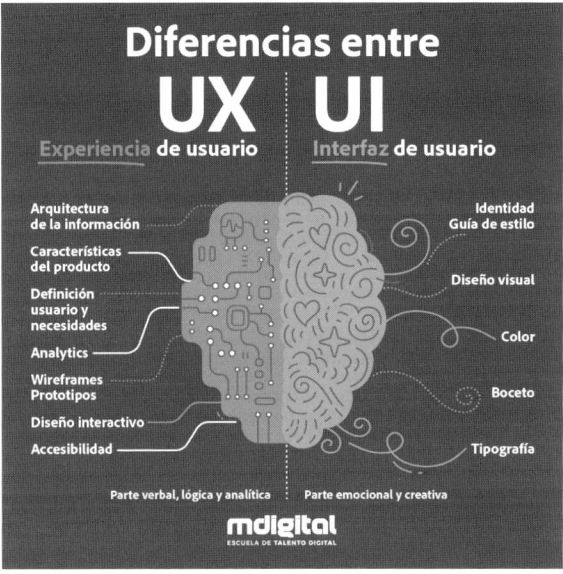

Fuente: Master, D. (2023).

La inmediatez del mundo digital hace que la UX sea aún más crítica. La primera impresión es determinante; si la experiencia es fluida, agradable y sencilla, el usuario continuará interactuando con el producto o servicio. Por el contrario, una experiencia de usuario deficiente puede generar frustración, abandono inmediato y pérdida de potenciales clientes.

3.4.1. ¿Dónde se produce la experiencia de uso?

- *Web/app.* La experiencia comienza en la web o la aplicación, que es la plataforma principal de interacción. Es crucial que el diseño sea intuitivo, el contenido relevante y la navegación eficiente para asegurar que el usuario encuentre lo que busca sin dificultades.

- *Micrositios de campaña.* Para campañas específicas, los micrositios tienen un papel fundamental en la experiencia del usuario. Estos sitios deben estar perfectamente alineados con los objetivos de la campaña y ser capaces de captar la atención y fomentar la interacción.

- *Redes sociales.* Las redes sociales también juegan un papel esencial en la experiencia de usuario. Son plataformas en las que los usuarios interactúan de manera constante con la marca, proporcionando una oportunidad única para construir una relación sólida con la audiencia.

3.4.2. Los tres elementos principales para una buena UX

Existen tres componentes fundamentales que conforman una buena experiencia de usuario:

1. *Usabilidad.* La usabilidad se refiere a la facilidad con la que los usuarios pueden interactuar con la web o la aplicación. Esto incluye factores como la navegación intuitiva, tiempos de carga rápidos, diseño *responsive* (adaptación a dispositivos móviles y escritorio) y la accesibilidad. Un sitio web que funcione correctamente en cualquier dispositivo y proporcione una navegación clara será percibido positivamente por los usuarios.

2. *Estética.* El diseño visual también tiene un papel crítico. Los colores, las tipografías, las imágenes y los elementos gráficos deben estar cuidadosamente seleccionados para crear una experiencia visual agradable. La estética no solo mejora la percepción de la marca, sino que también influye en la comodidad y la accesibilidad del usuario. Un diseño atractivo y bien organizado puede hacer que los usuarios disfruten de la experiencia mientras interactúan con la plataforma.

3. *Emociones.* La experiencia emocional es clave en la UX. Los usuarios deben sentir que su tiempo y esfuerzo son valorados. Cada interacción con la plataforma debe generar una

sensación de satisfacción, desde la navegación hasta el proceso de compra o suscripción. Además, utilizar un lenguaje amigable, imágenes evocadoras y elementos interactivos ayuda a conectar emocionalmente al usuario con la marca, creando una experiencia que va más allá de la funcionalidad pura.

3.4.3. ¿Por qué es tan importante ofrecer una buena experiencia de usuario?

Una mala experiencia de usuario puede generar una percepción negativa del producto o la marca, haciendo que los usuarios abandonen el sitio web o la aplicación e incluso disuadiéndolos de volver en el futuro. Según algunos estudios de comportamiento, un mal diseño o una mala experiencia puede reducir drásticamente las tasas de conversión y aumentar las tasas de rebote. Si la experiencia de usuario es deficiente, los usuarios no confiarán en la marca, lo que repercutirá en las ventas y la retención.

Por el contrario, una UX bien ejecutada puede tener un impacto significativamente positivo. Ayuda a crear o reforzar el vínculo entre el usuario, el producto y la marca. Esto genera confianza, fomenta la fidelidad y aumenta la probabilidad de que el usuario se convierta en un cliente recurrente.

3.4.4. Objetivos de UX

El diseño de la experiencia de usuario no solo consiste en hacer que un sitio web o una aplicación se vea bien, sino en crear una experiencia integral que genere resultados de negocio tangibles. Entre los objetivos más importantes de la UX se encuentran:

- *Aumento de ventas.* Una buena UX facilita el proceso de compra, lo que incrementa las probabilidades de conversión. La navegación clara, el diseño atractivo y la facilidad para realizar transacciones son elementos clave para estimular las compras.

- *Fidelización.* Una excelente experiencia hace que los usuarios regresen. La fidelización no solo busca ofrecer un producto o servicio, sino asegurarse de que el cliente disfrute de cada interacción con la marca. Un cliente satisfecho con la experiencia es más probable que se convierta en un embajador de la marca y recomiende los productos o servicios a otros.

- *Conversión.* La conversión es el objetivo último de la mayoría de los sitios web y aplicaciones. Una UX bien diseñada elimina las barreras para la conversión, ya sea en forma de compras, registros, suscripciones o interacciones. Cuanto más sencilla y agradable sea la experiencia, más fácil será convertir al usuario en cliente.

La experiencia de usuario (UX) es mucho más que solo diseño o funcionalidad; es el conjunto de elementos que componen la interacción de un usuario con una marca a través de sus plataformas digitales. Una UX adecuada mejora la satisfacción del usuario, optimiza las tasas de conversión y contribuye al éxito general del negocio. Al comprender las necesidades y expectativas del usuario, una empresa puede crear experiencias digitales que no solo atraigan, sino que retengan y fidelicen a los usuarios, ayudando a consolidar una base de clientes leales. La clave está en ofrecer una experiencia personalizada, fluida y atractiva que conecte emocionalmente con el usuario y que esté alineada con los objetivos del negocio.

3.5. Entrevista

Nacho Isasa. *Socio* en Ernst & Young

1. ¿Cuáles son los puntos clave en el diseño digital?

Los puntos clave en el diseño digital pueden variar dependiendo de tu objetivo: reconocimiento de marca, captar clientes, fidelizarlos, aumentar ventas, conversión, etc. Simplicidad, claridad, usabilidad y accesibilidad son claves cuando hablamos de diseño, pero factores muy relevantes como los procesos y los sistemas que los sostienen pueden marcar el éxito o el fracaso de cualquier proyecto digital.

2. **¿Crees que el conocimiento de la tecnología web debe ir más allá de los programadores?**

El conocimiento de la tecnología es vital para cualquier rol que participa en la cadena de valor de un proyecto digital. Disponer de las nociones básicas de la tecnología y sus fronteras nos permite plantear soluciones, diseñar, definir o liderar de forma exitosa un producto o un equipo digital.

3. **¿Por qué es importante ofrecer una buena experiencia al usuario?**

La experiencia de usuario es clave en cualquier tipo de proyecto digital, pero especialmente en los dedicados a la venta *online*. Ser capaces de ofrecer al cliente una experiencia *seamless* es básico para garantizar una correcta adecuación a los nuevos patrones de venta *online*. Una buena experiencia de usuario es el resultado de muchos factores clave, como son el *performance* de los sistemas de información, una definición de los procesos con enfoque holístico o disponer de una buena definición y ejecución de la usabilidad y accesibilidad de nuestro diseño.

4. **¿Cuál es la fase que marca el éxito de la experiencia del usuario?**

Todas las fases de un proyecto marcan la diferencia en el éxito de la experiencia de usuario. Analizar todos los elementos clave con un impacto significativo en la experiencia de usuario y realizar una buena definición de la estrategia de experiencia de usuario determinarán de forma significativa el éxito o fracaso de nuestro proyecto. Ser capaces de transmitir la relevancia de esta fase inicial y dedicarle el tiempo y esfuerzo necesario son por tanto una fase indispensable.

5. **Pon un ejemplo de marca que para ti sea un referente en la UX.**

Apple.com siempre ha sido uno de mis referentes favoritos a nivel de UX, no solo por el diseño de tienda *online*, sino porque ha sido uno de los pioneros en ofrecer experiencias totalmente *seamless*. El *phygital experience* está cuidadosamente definido para garantizar una trazabilidad completa de los intereses y compras de los clientes. La experiencia en las tiendas físicas es una extensión de tu compra *online*, permitiendo juntar ambos mundos de una forma muy eficiente. Muchas grandes marcas de *retail* están actualmente innovando e invirtiendo en el *phygital experience*.

Capítulo 4

SEO/SEM y captación de clientes

4.1. El buscador

El objetivo principal del buscador es ofrecer a sus usuarios el mejor resultado de búsqueda posible. En este contexto, SEO (*search engine optimization*) se refiere a las estrategias, técnicas y tácticas utilizadas para mejorar la visibilidad de un sitio web en los motores de búsqueda. A través de un buen posicionamiento, el SEO busca atraer tráfico relevante, incrementar la visibilidad y facilitar que los usuarios encuentren la información que necesitan.

¿Qué es el SEO? El SEO consiste en mejorar la calidad y cantidad de tráfico hacia una página web a través de resultados orgánicos en los motores de búsqueda (Figura 4.1). Es una metodología que implica el uso de palabras clave, optimización de contenido, mejora de la estructura del sitio y muchos otros factores técnicos para asegurarse de que un sitio web cumpla con los requisitos del algoritmo de los motores de búsqueda, especialmente Google.

Figura 4.1. Significado del SEO

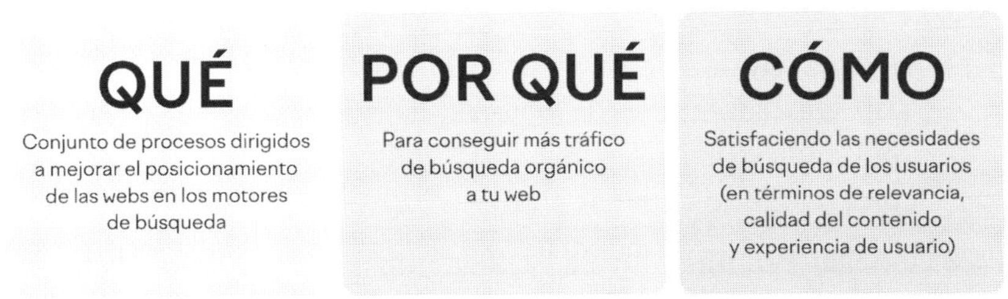

QUÉ

Conjunto de procesos dirigidos a mejorar el posicionamiento de las webs en los motores de búsqueda

POR QUÉ

Para conseguir más tráfico de búsqueda orgánico a tu web

CÓMO

Satisfaciendo las necesidades de búsqueda de los usuarios (en términos de relevancia, calidad del contenido y experiencia de usuario)

Fuente: Pavlik, V. (2023).

4.1.1. ¿Qué necesitamos hacer para ser los primeros en el ranking de Google?

Antes de crear y ejecutar una estrategia de SEO, es crucial comprender varios aspectos:

1. *Conocer los algoritmos de Google*. Los algoritmos de Google se actualizan continuamente, y conocer las principales pautas que determinan el ranking puede ayudarnos a mejorar nuestro posicionamiento.

2. *Saber qué buscan nuestros usuarios objetivo*. Realizar una investigación de palabras clave es esencial para comprender las búsquedas de los usuarios y ajustar el contenido de nuestro sitio web.

3. *Identificar y analizar a la competencia*. Es necesario estudiar a los competidores que se encuentran en los primeros resultados de búsqueda para comprender sus estrategias y puntos fuertes.

4.1.2. Los algoritmos de Google

Los algoritmos de Google son sistemas complejos que utilizan fórmulas matemáticas para clasificar y ordenar las páginas web en los resultados de búsqueda. A lo largo de los años, Google ha lanzado diversos algoritmos para mejorar la calidad de los resultados y combatir técnicas manipulativas. A continuación, describimos algunos de los algoritmos más importantes:

1. Google Panda. Lanzado en 2011, Panda penaliza los sitios web con contenido de baja calidad, contenido duplicado o contenido poco relevante. Este algoritmo premia las páginas con contenido original y útil.

2. Google Penguin. En 2012, Penguin penalizó sitios web que abusaban de enlaces de baja calidad para manipular su ranking. A partir de entonces, Google comenzó a valorar más la calidad que la cantidad de enlaces externos.

3. Google Hummingbird. Introducido en 2013, Hummingbird mejoró la búsqueda semántica, ayudando a Google a comprender mejor las intenciones que hay detrás de las búsquedas. Esto significa que Google no solo busca palabras clave exactas, sino también los contextos y conceptos relacionados.

4. Google Pigeon. Lanzado en 2014, Pigeon prioriza los resultados de búsqueda locales, beneficiando a los negocios con presencia física que reciben búsquedas de usuarios locales.

5. Google Fred. En 2017, Google lanzó Fred, un algoritmo que penaliza los sitios web que priorizan el beneficio económico sobre la calidad del contenido, particularmente aquellos con demasiados anuncios o que intentan engañar a los usuarios.

4.1.3. ¿Cómo analizar la intención de búsqueda de un usuario?

El concepto de *search intent* o intención de búsqueda es fundamental para el SEO actual. Google, a través de algoritmos como RankBrain, busca comprender la intención que hay detrás de las consultas de búsqueda para ofrecer resultados más relevantes. La intención de búsqueda se puede clasificar en:

1. *Informativa:* El usuario busca información sobre un tema específico.

2. *Navegacional:* El usuario busca un sitio web o página específica.

3. *Transaccional:* El usuario tiene la intención de realizar una compra o acción.

4. *Investigación comercial:* El usuario compara productos o servicios para tomar una decisión de compra futura.

4.1.4. ¿Cómo analizamos a la competencia?

1. *Realiza búsquedas con tus principales palabras clave.* Al hacer una búsqueda en Google, identifica a los competidores que

aparecen en los primeros resultados y estudia sus sitios web para comprender sus estrategias de SEO.

2. *Observa el contenido que están promoviendo.* Analiza qué tipo de contenido están utilizando y cómo se posiciona en relación con las palabras clave que estás buscando.

3. *Herramientas de SEO como SEMrush y Ahrefs.* Utiliza plataformas como SEMrush para analizar el tráfico orgánico, las palabras clave más efectivas y la calidad de los enlaces entrantes de tus competidores. Estas herramientas también permiten analizar los puntos fuertes y débiles de la estrategia SEO de los competidores.

4. *Woorank.* Esta herramienta analiza el SEO de cualquier página web y permite comparar el rendimiento de tu sitio web frente a la competencia. También ofrece sugerencias sobre cómo mejorar la optimización.

4.1.5. SEM: Publicidad en motores de búsqueda

¿Qué es SEM?

El *search engine marketing* (SEM) se refiere al proceso de promocionar un sitio web mediante el aumento de su visibilidad en las páginas de resultados de los motores de búsqueda (SERP) a través de la publicidad de pago. A diferencia del SEO, que se centra en el tráfico orgánico, el SEM utiliza estrategias pagadas para obtener resultados más rápidos (Figura 4.2).

La plataforma más popular para ejecutar campañas SEM es Google Ads (anteriormente conocido como Google AdWords). SEM permite crear anuncios que aparecen en la parte superior de los resultados de búsqueda de Google en función de las palabras clave que los usuarios ingresan.

Figura 4.2. Claves SEM

Fuente: Master Marketing (2019).

¿Cómo funciona Google Ads?

1. *Selección de palabras clave.* Al igual que en SEO, las palabras clave son fundamentales en SEM. Debes identificar las palabras clave relevantes para tu negocio y que sean utilizadas por tus clientes potenciales.

2. *Creación de anuncios.* Con Google Ads, puedes crear anuncios de texto que aparecerán junto a los resultados de búsqueda o en otros sitios web asociados de Google.

3. *Oferta y CPC (coste por clic).* En SEM, pagarás cada vez que un usuario haga clic en tu anuncio. Establecerás una oferta, que es la cantidad máxima que estás dispuesto a pagar por clic.

4. *Segmentación.* Google Ads permite segmentar tus anuncios según ubicación geográfica, dispositivos, horarios y más. Esto te ayuda a optimizar la efectividad de la campaña.

Tipos de campañas SEM

1. *Búsqueda de Google.* Anuncios de texto que aparecen en los resultados de búsqueda de Google, justo cuando los usuarios buscan términos relacionados con tus productos o servicios.

2. *Red de display de Google.* Anuncios gráficos que se muestran en sitios web, blogs y plataformas asociadas con Google.

3. *Google Shopping.* Anuncios que muestran productos directamente en los resultados de búsqueda con imágenes y precios, ideales para *ecommerce*.

4. *Publicidad en YouTube.* Anuncios de vídeo que aparecen antes o durante los vídeos en YouTube.

Medición del rendimiento en SEM

- *CTR (click-through rate).* Mide el porcentaje de clics que recibe tu anuncio en relación con la cantidad de veces que se muestra.

- *CPC (coste por clic).* Es el precio que pagas cada vez que un usuario hace clic en tu anuncio.

- *ROI (return on investment).* Mide la rentabilidad de tu campaña considerando el dinero invertido y el retorno obtenido.

- *Conversiones.* Seguimiento de las acciones valiosas que los usuarios realizan después de hacer clic en tu anuncio, como una compra, una suscripción o una descarga.

4.1.6. Estrategias de captación de clientes

La captación de clientes es un proceso integral que involucra tanto SEO como SEM. Ambas técnicas deben ser utilizadas de manera complementaria para obtener los mejores resultados. Aquí están algunas estrategias clave:

1. *Contenidos atractivos y relevantes.* Crear contenido que resuene con las intenciones de búsqueda de los usuarios es esencial

para atraer tráfico tanto orgánico como pagado. Los blogs, vídeos y artículos optimizados para SEO pueden mejorar el tráfico y las conversiones.

2. *Landing pages optimizadas.* Las páginas de destino (*landing pages*) deben estar diseñadas para convertir visitantes en clientes. Una buena *landing page* debe ser clara, tener una llamada a la acción (CTA) clara y estar alineada con la búsqueda del usuario.

3. *Estrategias de remarketing.* Utiliza herramientas como Google Ads y Facebook Ads para volver a impactar a los usuarios que ya han visitado tu sitio web. El remarketing es una forma efectiva de captar clientes potenciales que no completaron una acción en su primera visita.

4. *Análisis y ajuste de campañas.* Tanto en SEO como en SEM, el seguimiento y la optimización constante de las campañas es esencial. Usa herramientas analíticas para ajustar tus estrategias según el rendimiento.

El SEO y el SEM son dos pilares fundamentales de cualquier estrategia digital. Mientras que el SEO se enfoca en obtener tráfico de manera orgánica, el SEM ofrece resultados más rápidos mediante publicidad pagada. Sin embargo, ambas estrategias deben trabajar juntas, optimizando cada uno de los elementos que afectan al posicionamiento y la conversión. Con un enfoque estratégico, un buen conocimiento del algoritmo de Google y la correcta implementación de tácticas de SEO/SEM, las empresas pueden mejorar significativamente su visibilidad, atraer más tráfico y convertir a los usuarios en clientes leales.

4.2. Contenidos

4.2.1. ¿Cómo busca el usuario?

En los últimos años, los motores de búsqueda, especialmente Google, han evolucionado significativamente y, con ello, la forma en que los usuarios buscan información. En 2025, después de la implementación de varios algoritmos como RankBrain y las mejoras en la búsqueda semántica, la experiencia del usuario se ha convertido en una prioridad. Google ha aprendido a comprender mejor lo que los usuarios quieren, basándose en patrones y comportamientos pasados.

4.2.2. *Search Internet*

Después del lanzamiento de Hummingbird, que mejoró los resultados de búsqueda al centrarse en la comprensión semántica y el contexto de la búsqueda, Google introdujo en 2015 RankBrain, un algoritmo basado en inteligencia artificial que permite a Google aprender del comportamiento del usuario. Ahora, Google no solo se basa en palabras clave, sino también en los patrones y las señales de comportamiento que indican la intención que hay detrás de la consulta.

Por ejemplo, al buscar «hotel en Madrid», Google no solo ofrecerá resultados sobre qué es un hotel en Madrid, sino que priorizará los resultados comerciales mostrando opciones más económicas, ya que ha aprendido que los usuarios que buscan hoteles tienden a interesarse más por opciones asequibles.

4.2.3. *Search intent*

La intención de búsqueda (*search intent*) es un concepto fundamental en SEO moderno. Según la fase del *customer journey* en la que se encuentra el usuario, su intención de búsqueda variará:

- *Informativa.* El usuario busca obtener información detallada sobre un tema.

- *Navegacional.* El usuario busca un sitio web específico, como «Facebook login».

- *Comercial.* El usuario está considerando realizar una compra o contratar un servicio, pero aún no ha tomado una decisión.

- *Transaccional.* El usuario está listo para realizar una acción inmediata, como una compra.

Figura 4.3. Tipos de *user intent*

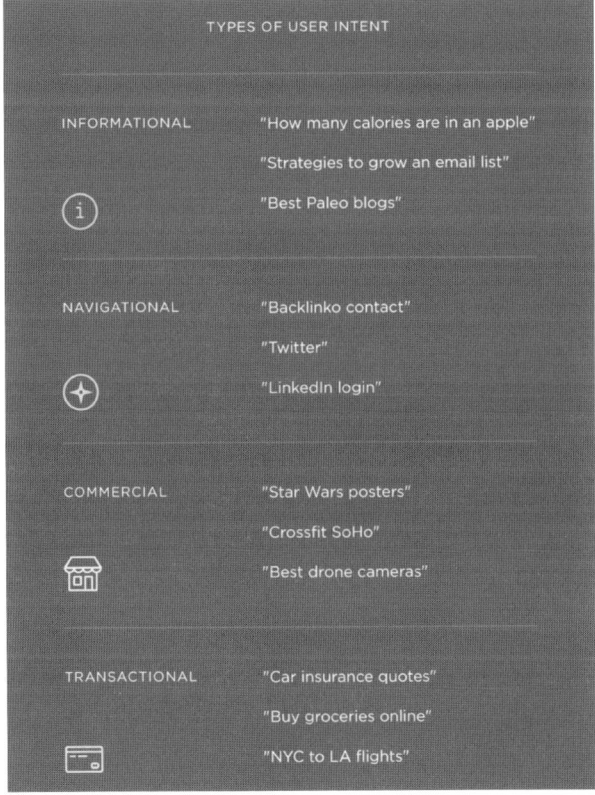

Fuente: Dean, B. (2025).

Además de estos, Google categoriza las búsquedas de los usuarios en diferentes perfiles:

- *Know.* El usuario busca información general, como «historia de la II Guerra Mundial».
- *Know simple.* Búsquedas más específicas, como «¿Cuándo terminó la II Guerra Mundial?».

- *Do.* El usuario está buscando realizar una acción como «comprar un iPhone» o «reservar restaurante».

- *Device action.* Interacción con dispositivos como un asistente de voz o una *app* móvil.

- *Website.* El usuario busca información dentro de un sitio web específico: por ejemplo, «Wikipedia Michael Jackson».

- *Visit in person.* Búsquedas de negocios locales como «restaurante vegano cerca».

4.2.4. Las *keywords* o palabras clave

Entender qué busca el usuario es esencial para desarrollar una estrategia de contenidos efectiva. Las palabras clave siguen siendo fundamentales, pero no son lo único que importa. A medida que Google ha avanzado con algoritmos como RankBrain, se ha dado más importancia a los *search intent* y a la relevancia de los contenidos.

- *Long tail.* Las búsquedas de cola larga (*long-tail keywords*) representan más del 70% del tráfico que llega a una página web. Aunque las palabras clave generales suelen generar mayor volumen de tráfico, su tasa de conversión suele ser más baja que las palabras clave de cola larga, que son más específicas y más orientadas a la compra (Figura 4.4).

- *Title y description.* El título y la descripción de la página son elementos críticos para el SEO. El título debe ser claro, atractivo y contener palabras clave relevantes. La descripción debe captar la atención del usuario y darle razones para hacer clic en el enlace.

4.2.5. El contenido

El contenido es la clave para cualquier estrategia de SEO. No solo se trata de incorporar palabras clave, sino de ofrecer contenido

Figura 4.4. Búsquedas de *keywords* en Google

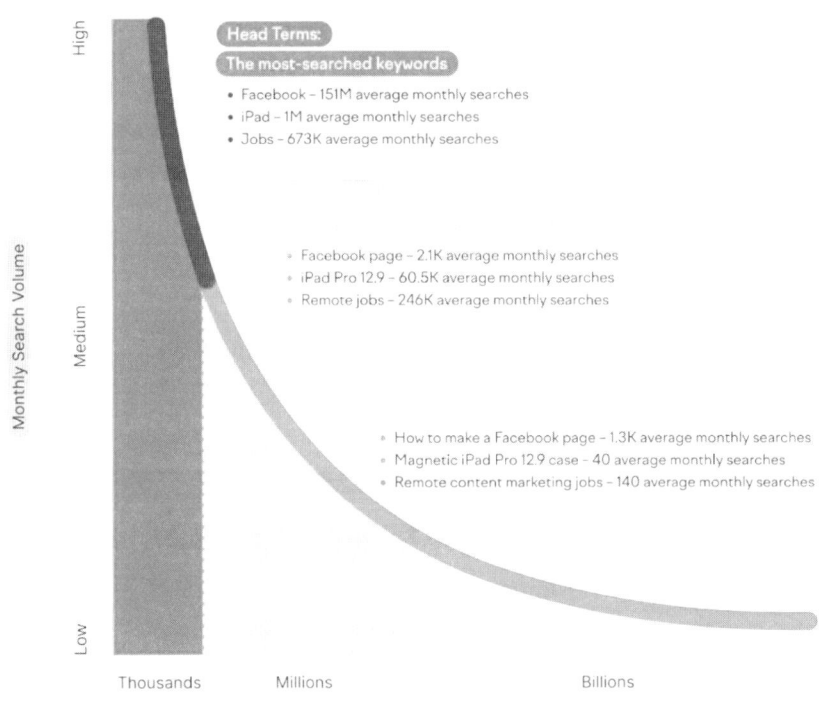

Fuente: Semrush (2023).

relevante y útil que atraiga a los usuarios. Aquí están algunas pautas clave:

- *Redacción.* El contenido debe ser original, claro y relevante, con una longitud adecuada. No debe resultar forzado y debe incluir palabras clave de manera natural. Google favorece el contenido semántico, lo que significa que debe estar bien escrito y ser útil para el usuario.

- *Textos enriquecidos.* Utiliza negritas, enlaces, imágenes y otros recursos visuales para enriquecer el contenido y hacerlo más fácil de leer. Esto mejora la experiencia del usuario y puede contribuir a un mejor posicionamiento.

Tres consejos para crear contenido efectivo:

1. *No copies contenido.* Si bien puede ser tentador copiar descripciones de productos o contenido de otras páginas, el contenido duplicado afecta negativamente al SEO. En su lugar, crea contenido único que responda directamente a las necesidades de los usuarios.

2. *Piensa en las personas, no en los buscadores.* Aunque es importante seguir las mejores prácticas de SEO, lo esencial es crear contenido que sea útil y valioso para los usuarios.

3. *Hazlo atractivo.* Usa un tono de voz adecuado y complementa el contenido con imágenes, vídeos o infografías que hagan la lectura más interesante. Si el contenido es valioso y atractivo, es más probable que los usuarios regresen y compartan la página.

4.2.6. SEM (*search engine marketing*)

El SEM, o marketing en motores de búsqueda, se refiere a las estrategias pagadas para aumentar la visibilidad de un sitio web en los motores de búsqueda. A menudo se confunde con SEO, pero hay diferencias clave.

> El SEO se refiere a las técnicas y estrategias para mejorar la visibilidad orgánica de un sitio web en los resultados de búsqueda, mientras que el SEM son las campañas pagadas (como Google Ads) que aparecen en la parte superior de los resultados de búsqueda.

El SEM permite un enfoque más directo y medible, ya que se paga por clic (PPC o pago por clic). Las campañas de SEM pueden generar tráfico inmediato, lo que lo convierte en una herramienta poderosa para campañas de corto plazo o para aumentar la visibilidad en mercados muy competitivos.

Google Ads y SEM: cómo configurar una campaña

1. *Tipos de objetivos.* Es crucial establecer objetivos claros para las campañas. Los objetivos de negocio podrían ser aumentar las ventas, mientras que los objetivos de marketing se centran en cómo lograr esos objetivos (como obtener más leads o mejorar la visibilidad de marca).

2. *Objetivos de medios.* Son objetivos específicos relacionados con los canales de marketing utilizados. Por ejemplo, aumentar el tráfico desde YouTube o desde campañas de *display* en Google.

3. *Medición de resultados.* Una campaña de SEM debe tener métricas claras. Los KPI que hay que considerar incluyen:

   - *CTR (click-through rate).* Porcentaje de clics recibidos respecto a las impresiones.
   - *CPC (coste por clic).* Lo que pagas cada vez que un usuario hace clic en tu anuncio.
   - *ROI (Return on investment).* Retorno de la inversión, que mide la efectividad de la campaña.

Configuración de una campaña de búsqueda en Google Ads

El proceso de configurar una campaña de Google Ads incluye varios pasos clave. Primero, se debe definir el público objetivo y las palabras clave que se usarán. Luego, se crean los anuncios, se establecen los presupuestos y las pujas, y se lanzan las campañas.

Una vez lanzada la campaña, es esencial monitorear los resultados. A través de herramientas como Google Analytics, puedes realizar un seguimiento del rendimiento y ajustar las campañas según sea necesario. Esto puede incluir ajustar las palabras clave, cambiar el enfoque de los anuncios o modificar las pujas para optimizar los resultados.

Observa el recorrido del cliente

La clave para el éxito en SEM es entender el recorrido del cliente y adaptar las campañas a cada fase de ese recorrido. Desde la fase de investigación hasta la compra, cada punto de contacto debe ser relevante y atractivo para el usuario.

- *Fase de consideración.* En esta etapa, los usuarios están evaluando opciones, por lo que los anuncios deben enfocarse en los beneficios y diferenciadores clave.

- *Fase de decisión.* Aquí, los usuarios están listos para comprar. Los anuncios deben ser altamente persuasivos, con llamadas a la acción claras y ofertas atractivas.

El SEO y el SEM son componentes esenciales de una estrategia digital integrada. Mientras que el SEO trabaja a largo plazo para mejorar la visibilidad orgánica, el SEM puede generar resultados inmediatos y se puede utilizar para respaldar las estrategias de SEO. Al comprender cómo funcionan estos elementos y cómo se puede optimizar su uso, las marcas pueden aumentar su visibilidad, atraer más tráfico y convertir a los usuarios en clientes leales.

4.3. Entrevista

MARINA LLENAS. *Product owner* en Banco Sabadell

1. El algoritmo de Google está experimentando cambios importantes, ¿podrías explicar su repercusión en la manera de redactar el marketing de contenidos?

El algoritmo cada vez premia más que escribamos sin pensar en el SEO y pensando en el usuario. Tenemos que ser naturales, utilizar un lenguaje rico y variado, tener en cuenta lo que necesita el usuario, como lo busca y con qué intención.

2. ¿Cuál es la combinación ideal entre SEO y SEM?

El SEO es la base que te va a dar solidez y un flujo constante de usuarios, pero es una carrera de fondo; no vas a tener resultado inmediatos. El SEM es necesario para dar el primer empujón a cualquier proyecto digital y es un gran aliado para las campañas de captación.

3. **¿Puede ser un freno para la entrada en una web el hecho de que sepamos que las primeras posiciones son de pago?**

Lo es: solo hacen clic entre un 20% o un 30% de los usuarios; el resto van directos a las posiciones SEO o no promocionadas.

4. **Danos un ejemplo de buen SEO.**

Es fácil estar en las primeras posiciones si tienes una marca con mucha historia o muy reconocida. El reto está en posicionar bien una marca joven, que parte de poco tráfico y escasas referencias. Para encontrar un buen ejemplo de SEO solo hay que hacer una búsqueda bastante genérica (es donde hay más competencia) y observar aquellas empresas menos conocidas que se cuelan en la primera página de Google. En estos ejemplos está el mérito de un buen SEO.

5. **Danos un ejemplo de buen SEM.**

En búsquedas con alta competencia, el mejor SEM será aquel que te proporcione una respuesta más relacionada con lo que buscas y a la vez logre llamar tu atención.

Capítulo 5

Email marketing, CRM y relación con clientes 2.0

5.1. *Email marketing*

El *email marketing* es una de las herramientas más poderosas del marketing digital y se refiere al envío de correos electrónicos a una base de datos o lista de contactos, que pueden ser clientes actuales o prospectos. Se considera una estrategia de comunicación digital, que entra dentro del ámbito del marketing directo (Figura 5.1).

5.1.1. ¿Para qué sirve el *email marketing*?

El *email marketing* tiene múltiples aplicaciones dentro de las estrategias digitales de una empresa:

1. *Mantener el contacto con los clientes.* Es fundamental para seguir construyendo relaciones duraderas con los clientes.

2. *Compartir noticias y novedades.* Ayuda a mantener a los clientes informados sobre nuevos productos, servicios, eventos o cambios en la empresa.

3. *Mantener la marca en la mente del consumidor (top of mind).* Un correo bien ejecutado asegura que tu marca permanezca visible en la mente de los usuarios.

4. *Recabar opiniones.* Mediante encuestas o formularios, puedes obtener valiosa retroalimentación sobre productos, servicios o experiencias.

5. *Generar engagement.* Incentivar la interacción con contenido atractivo, como ofertas exclusivas, concursos o contenido útil.

6. *Desarrollar estrategias de marketing de contenidos (inbound marketing)*. Crear valor para el usuario mediante contenido educativo, promocional o informativo.

7. *Upselling y cross-selling*. Utilizar el *email* para ofrecer productos complementarios o de mayor valor a tus clientes actuales.

Figura 5.1. Ejemplo de *email marketing*

Fuente: Franzolini, D. (2025).

5.1.2. *Email marketing* con bases de datos externas

El *email marketing* también se puede aplicar para realizar envíos a bases de datos externas (proveedores de datos); y en este caso, lo usamos como una fuente de tráfico de pago. Las principales recomendaciones para este tipo de estrategia incluyen:

- *Dar a conocer la marca o un servicio.* Ideal para aumentar la visibilidad de la marca en mercados nuevos o nichos.

- *Construir imagen y posicionamiento de marca.* Aumentar el reconocimiento de marca entre usuarios potenciales.

- *Captación de nuevos contactos.* Utilizar el *email marketing* para generar *leads* y nuevos registros para tu propia base de datos.

- *Generar tráfico a la web.* Enviar a los usuarios a tu página web, lo que puede generar más conversiones y ventas.

- *Conseguir leads o ventas.* Al final, el objetivo del *email marketing* es convertir prospectos en clientes.

5.1.3. Ventajas del *email marketing*

1. *Costes reducidos.* Comparado con otras estrategias de marketing, como los anuncios pagados en redes sociales o Google Ads, el *email marketing* tiene un coste significativamente bajo.

2. *Fácil uso.* Las plataformas para *email marketing* son muy accesibles, fáciles de usar y no requieren de grandes conocimientos técnicos.

3. *Personalización.* Permite personalizar el contenido en función de los datos de los usuarios (nombre, historial de compras, comportamiento en el sitio web, etc.), lo que mejora la experiencia del usuario.

4. *ROI alto.* El *email marketing* sigue siendo uno de los canales de marketing con mejor retorno de inversión (ROI) debido a su coste relativamente bajo y su eficacia para generar conversiones.

5. *Inmediatez.* Los correos electrónicos son una forma instantánea de llegar a los usuarios en el momento en que más lo necesitan, ofreciendo promociones, recordatorios o contenido relevante.

5.1.4. Seguimiento de resultados en *email marketing*

El seguimiento y análisis de los resultados es crucial para optimizar las campañas de *email marketing*. Algunas métricas clave son:

- *Tasa de apertura.* Porcentaje de correos que los usuarios abren.

- *Tasa de clics (CTR).* El porcentaje de usuarios que hacen clic en los enlaces dentro del correo electrónico.

- *Conversiones.* Medir cuántos usuarios realizan una acción deseada, como comprar un producto, registrarse en un servicio, etc.

- *Tasa de rebote.* Porcentaje de correos electrónicos que no se entregaron debido a problemas con la dirección de correo.

- *Tasa de cancelación de suscripción.* Cuántos usuarios deciden darse de baja de los correos.

Existen diversas estrategias para optimizar estos resultados, como realizar pruebas A/B (en las que se comparan dos versiones de un correo electrónico, ver Figura 5.2) o segmentar mejor la audiencia.

5.1.5. *Retargeting*

El *retargeting* es una estrategia clave en el *email marketing*. Consiste en dirigirse nuevamente a aquellos usuarios que ya han interactuado con tu página web o correos anteriores, pero que no han realizado una conversión. Para ello, se instalan *cookies* en el navegador del usuario que permiten identificar su comportamiento. Por ejemplo, si un usuario ha visitado tu tienda *online*, pero no ha completado una compra, podrás enviarle un correo con un recordatorio o una oferta especial para animarlo a completar la compra.

Figura 5.2. Ejemplos de pruebas A/B

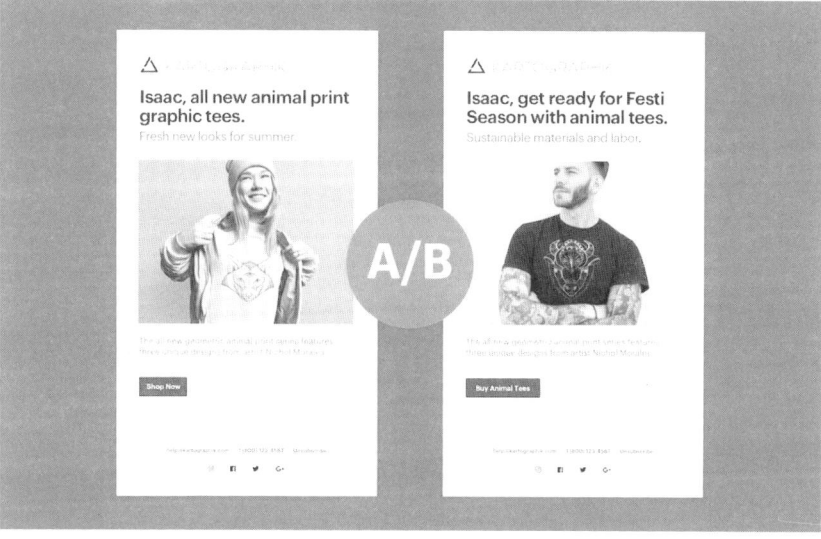

Fuente: Hart, D. (2019).

5.1.6. Plataformas de *email marketing*

Existen varias plataformas para crear y gestionar campañas de *email marketing*. Las más conocidas son:

- MailChimp es una de las plataformas más utilizadas por su sencillez y su versión gratuita. MailChimp permite crear campañas de *email* personalizadas, realizar seguimiento de métricas como tasa de apertura y clics, y automatizar ciertos procesos como la bienvenida a los nuevos suscriptores.

Figura 5.3. Logo de Mailchimp

Fuente: mailchimp.com.

- Brevo (anteriormente Sendinblue) es otra opción popular que ofrece funcionalidades como el envío de correos electrónicos, mensajes SMS y herramientas de automatización y segmentación avanzadas. Brevo es especialmente útil para negocios con necesidades de marketing multicanal.

Figura 5.4. Logo de Brevo

Fuente: brevo.com.

- Constant Contact es una plataforma similar que permite crear campañas de *email*, gestionar listas de contactos y hacer seguimientos de las métricas clave. También cuenta con herramientas para automatizar el marketing.

Figura 5.5. Logo de Constant Contact

Fuente: constantcontact.com.

- GetResponse ofrece herramientas de creación de correos electrónicos, automatización de marketing y segmentación avanzada. Además, tiene una funcionalidad robusta para *webinars* y campañas de ventas.

Figura 5.6. Logo de GetResponse

Fuente: getresponse.com.

- Klaviyo es especialmente útil para el *ecommerce*; Klaviyo se integra fácilmente con plataformas como Shopify y WooCommerce, y permite enviar correos muy segmentados basados en el comportamiento de compra.

Figura 5.7. Logo de Klaviyo

Fuente: klaviyo.com.

El *email marketing* sigue siendo una de las herramientas más efectivas del marketing digital. Ofrece una combinación única de bajo coste, personalización y retorno de la inversión. A través de la correcta segmentación de la audiencia, la personalización de los correos y el seguimiento constante de los resultados, las empresas pueden aprovechar al máximo su base de datos y mantener relaciones duraderas con sus clientes. Además, complementado con estrategias como el *retargeting*, el *email marketing* se convierte en una herramienta crucial para la captación de *leads*, la fidelización de clientes y la conversión de ventas.

5.2. CRM

5.2.1. ¿Qué es el CRM?

El *customer relationship management* (CRM) o gestión de la relación con el cliente es un conjunto de metodologías, estrategias y herramientas que las empresas utilizan para gestionar y analizar las interacciones y relaciones con sus clientes actuales, futuros y potenciales. La idea principal de un sistema CRM es mejorar la relación con el cliente, lo que, a su vez, ayuda a aumentar la satisfacción y la fidelidad, así como a optimizar la rentabilidad (Figura 5.8).

Figura 5.8. Integraciones CRM

Fuente: Sydle (2024).

5.2.2. Objetivo del CRM

El objetivo fundamental de un CRM es tener una visión completa de los clientes, mejorando la capacidad de una empresa para anticiparse a sus necesidades y proporcionar una experiencia más personalizada y efectiva. Esto incluye gestionar los contactos, el historial de interacciones, las preferencias y la información clave sobre cada cliente, permitiendo tomar decisiones más informadas y estratégicas.

5.2.3. Procesos en CRM

Un CRM bien implementado incluye una serie de procesos que mejoran la relación con el cliente, y están directamente relacionados con el uso de datos, la tecnología y la personalización de las interacciones. Los principales procesos que se manejan en CRM son:

1. *Captación de clientes.* Identificación de nuevos prospectos y su conversión en clientes. En esta fase, el CRM se utiliza para gestionar la base de datos de prospectos y llevar a cabo campañas de marketing dirigidas que fomenten la conversión.

2. *Retención de clientes.* Utilizando los datos almacenados en el CRM, las empresas pueden personalizar sus comunicaciones y ofertas a cada cliente, aumentando la satisfacción y fidelidad. Los datos permiten detectar signos de insatisfacción, lo que facilita actuar de forma proactiva para evitar la pérdida de clientes.

3. *Fidelización.* A través de una atención al cliente más eficaz, promociones personalizadas, programas de recompensas y la constante comunicación, se puede asegurar que los clientes vuelvan a realizar compras y se mantengan leales a la marca.

4. *Segmentación de clientes.* Utilizando los datos almacenados en el CRM, las empresas pueden segmentar a sus clientes según criterios como su comportamiento de compra, ubicación geográfica o historial de interacciones, entre otros. Esta segmentación es crucial para personalizar las campañas de marketing y maximizar su efectividad.

5. *Automatización de marketing.* Los sistemas CRM modernos permiten automatizar muchas de las tareas relacionadas con el marketing, como el envío de correos electrónicos, el seguimiento de oportunidades, la personalización de mensajes y la puntuación de prospectos. Esto ahorra tiempo y esfuerzo, y mejora la eficiencia de los equipos de marketing.

5.2.4. Uso de datos en CRM

El CRM se apoya fuertemente en los datos, los cuales pueden proceder de diversas fuentes: interacciones previas, transacciones realizadas, encuestas de satisfacción, visitas al sitio web o redes sociales, entre otros. El análisis de estos datos permite obtener *insights* valiosos, lo que facilita la personalización de las interacciones con los clientes y la anticipación de sus necesidades. Los datos son la clave para:

- *Mejorar la experiencia del cliente.* Cuanto más sabe una empresa sobre sus clientes, mejor podrá servirles. El CRM permite ofrecer una experiencia de cliente personalizada, desde la comunicación hasta la oferta de productos y servicios.

- *Optimizar las estrategias de marketing.* Con el uso de herramientas de análisis, se puede medir la efectividad de las campañas y ajustarlas en función de los resultados.

- *Predecir comportamientos futuros.* El análisis de datos históricos permite prever futuras tendencias o necesidades, lo que ayuda a planificar acciones preventivas o aprovechar oportunidades de negocio.

5.2.5. Beneficios del CRM

Implementar un sistema de CRM adecuado ofrece múltiples beneficios a las empresas, tales como:

- *Mejor comprensión del cliente.* Al tener toda la información centralizada, las empresas pueden tener una visión 360° de sus clientes, con lo pueden ofrecer soluciones más adecuadas y mejorar la satisfacción.

- *Optimización de recursos.* El CRM permite automatizar procesos y tareas, lo que reduce los costes operativos y aumenta la eficiencia de los equipos.

- *Mejor toma de decisiones.* Con datos más completos y precisos, las empresas pueden tomar decisiones más informadas que contribuyan al crecimiento y la sostenibilidad a largo plazo.

- *Incremento de la productividad y eficiencia.* Al centralizar la información y automatizar tareas, se reducen los errores y se mejora la velocidad de respuesta ante las necesidades del cliente.

- *Aumento de las ventas.* La información detallada y segmentada permite realizar ventas más focalizadas, lo que incrementa las tasas de conversión y el volumen de ventas.

5.2.6. Tipos de CRM

Existen varios tipos de sistemas CRM, que se pueden adaptar a las necesidades específicas de cada empresa. Los más comunes son:

1. *CRM operativo.* Se centra en la automatización de procesos y tareas relacionadas con las ventas, el marketing y la atención al cliente. Ayuda a gestionar el ciclo completo de las interacciones con los clientes.

   Ejemplo: Salesforce Sales Cloud.

2. *CRM analítico.* Este tipo de CRM se enfoca en analizar y recopilar datos de los clientes para realizar estudios y obtener información que ayude en la toma de decisiones estratégicas. Facilita la segmentación, la predicción de tendencias y la creación de estrategias personalizadas.

   Ejemplo: Zoho Analytics.

3. *CRM colaborativo.* Se centra en la colaboración entre distintos departamentos (ventas, marketing, atención al cliente) y en mejorar la interacción directa con los clientes. Los sistemas CRM colaborativos proporcionan un flujo de información transparente y efectivo entre los equipos y los clientes.

   Ejemplo: HubSpot.

Un sistema de CRM bien implementado es clave para crear una relación duradera y exitosa con los clientes. La correcta integración de los datos, la automatización de los procesos y la personalización de las interacciones ayudan a las empresas a mejorar su eficiencia operativa, aumentar las ventas y fidelizar a los clientes. Además, el uso de herramientas avanzadas de CRM permite a las empresas adaptarse a las nuevas tendencias y aprovechar las oportunidades del mercado de manera más efectiva.

5.3. Relación con clientes 2.0

La relación con los clientes ha cambiado radicalmente en la era digital, donde los consumidores son cada vez más exigentes y están mejor informados. El cliente 2.0 busca no solo productos, sino también experiencias que le proporcionen valor y atención personalizada. La fidelización, en este contexto, no solo se refiere a la repetición de compras, sino a la construcción de una relación sólida y de confianza con la marca a largo plazo.

5.3.1. ¿Qué es la fidelización del cliente?

La fidelización del cliente se refiere al proceso mediante el cual un cliente se mantiene leal a una marca o empresa, lo que da lugar a compras repetidas y una preferencia continuada. Esto es un fenómeno clave en la actualidad, ya que la retención de clientes es más rentable que la adquisición de nuevos, además de ser un indicativo de la buena salud de la relación entre la marca y el consumidor.

El cliente 2.0 busca una relación más activa con la marca, siendo parte de la conversación, sugiriendo mejoras, compartiendo experiencias y participando en la construcción de la reputación de la empresa a través de las redes sociales y otros canales digitales.

5.3.2. ¿Cómo es el consumidor 2.0?

El consumidor 2.0 no es el mismo que el consumidor tradicional. Con el auge de Internet, las redes sociales y el acceso a información ilimitada, el cliente actual ha evolucionado hacia un ser mucho más empoderado, informado y activo.

5.3.3. Características del consumidor 2.0

- *Interactividad*. Este consumidor participa activamente en la creación de contenido y en las conversaciones sobre la marca.
- *Exigencia*. Busca respuestas rápidas, eficientes y personalizadas.

- *Omnicanalidad.* Utiliza múltiples plataformas para interactuar con las marcas, ya sea a través de dispositivos móviles, redes sociales o sitios web.

- *Desconfianza.* Aunque está más informado, este consumidor es escéptico y prefiere obtener información de múltiples fuentes antes de tomar decisiones.

- *Buscador de experiencias.* El consumidor 2.0 valora las experiencias tanto como el producto o servicio que adquiere.

5.3.4. El ciclo de vida del cliente 2.0: las 5 fases

El ciclo de vida del cliente 2.0 es clave para la estrategia de marketing digital. Este ciclo está compuesto por varias fases en las que el consumidor pasa de ser un desconocido a un cliente leal, y cada una de estas fases debe estar acompañada de tácticas específicas para optimizar la experiencia del usuario y maximizar la fidelización.

1. *Adquisición.* El objetivo en esta fase es atraer a nuevos usuarios. Las estrategias de captación incluyen publicidad digital, SEO, SEM, contenido de valor y redes sociales. Es la fase en la que se genera la primera impresión de la marca.

2. *Conversión.* Aquí el objetivo es convertir a los usuarios en clientes. Ya sea mediante la compra de un producto, suscripción o cualquier otra acción de conversión, el proceso debe ser fluido y sencillo para asegurar que el visitante se convierta en cliente.

3. *Crecimiento.* Una vez que un cliente ha realizado una compra, el siguiente paso es impulsar la repetición de compras. Estrategias como el *up-selling* (ofrecer productos de mayor valor) o el *cross-selling* (ofrecer productos complementarios) son cruciales en esta fase.

4. *Retención.* Mantener al cliente comprometido con la marca es fundamental. Ofrecer un excelente servicio posventa, personalización, descuentos exclusivos o programas de fidelización son claves para asegurar que el cliente regrese.

5. *Reactivación.* Algunos clientes dejan de interactuar con la marca. En esta fase se deben aplicar tácticas de reactivación, como campañas de *re-engagement* a través de *email marketing*, ofertas especiales o nuevas promociones.

Ejemplo de ciclo de vida: el caso de Blackberry

La historia de Blackberry es un excelente ejemplo del ciclo de vida del cliente en acción.

Figura 5.9. Logo de Blackberry

Fuente: blackberry.com.

1. *Fase de lanzamiento (1999-2003):* Blackberry, al principio, fue pionero en el envío de correos electrónicos desde un dispositivo móvil. Esto permitió que atrajera a un público profesional que necesitaba estar conectado de forma constante.

2. *Fase de crecimiento (2004-2007):* Durante estos años, Blackberry se expandió rápidamente, ofreciendo dispositivos más avanzados con funciones de mensajería instantánea, cámaras y conexión a Internet, y logró tener presencia en más de 120 países.

3. *Fase de madurez (2007-2011):* La empresa alcanzó su pico de ventas con un 3% del mercado global de teléfonos. Sin embargo, en este punto comenzó a enfrentarse a la competencia creciente de Apple y Android, que ofrecían una mejor experiencia de usuario.

4. *Fase de declive (2011-2016):* Blackberry no pudo adaptarse rápidamente a los cambios del mercado, sobre todo a la transición hacia pantallas táctiles y la creación de un ecosistema de aplicaciones. A medida que los usuarios abandonaron la marca, Blackberry perdió su liderazgo y entró en declive.

5.3.5. Publicidad digital: el motor del marketing 2.0

La publicidad digital es crucial para conectar con los consumidores 2.0. Los anuncios *online* ahora son más efectivos que nunca debido a la segmentación avanzada y la capacidad de personalizar los mensajes. A través de herramientas de publicidad digital, las marcas pueden llegar a sus consumidores en el momento adecuado y con el mensaje adecuado.

Tipos de publicidad *online*

1. *CPM (coste por mil impresiones):* Utilizado comúnmente en campañas de *branding* o reconocimiento de marca. El objetivo es generar visibilidad y llegar a una audiencia amplia.

CPM = Coste total de la campaña / Número de impresiones) × 1000

Desglose de la fórmula:

- *Coste total de la campaña:* Es el presupuesto total invertido en la campaña publicitaria.

- *Número de impresiones:* Es la cantidad total de veces que se muestra el anuncio (no confundir con clics).

- *1000:* Se utiliza para estandarizar el coste por cada mil impresiones.

2. *CPC (coste por clic).* Focalizado en la conversión, este modelo se utiliza cuando el objetivo principal es generar tráfico al sitio web o realizar una acción específica, como una compra.

CPC = (Coste total de la campaña / Número de clics)

Desglose de la fórmula:

- *Coste total de la campaña:* Es el presupuesto total invertido en la campaña publicitaria.

- *Número de clics:* Es la cantidad de veces que los usuarios hicieron clic en el anuncio.

3. *Publicidad programática:* Esta estrategia optimiza el proceso de compra y venta de anuncios a través de plataformas automáticas. Los DSP (*demand side platforms*) y SSP (*supply side platforms*) permiten a los anunciantes comprar espacio

publicitario a través de intercambios de anuncios en tiempo real, utilizando datos para llegar al público adecuado.

Cookies y personalización de anuncios

Las *cookies* tienen un papel fundamental en la personalización de la publicidad digital. Gracias a ellas, los anunciantes pueden seguir el comportamiento de los usuarios en la web, lo que permite ofrecer anuncios altamente relevantes. Este tipo de publicidad basada en *cookies* mejora la experiencia del consumidor y aumenta las tasas de conversión al ofrecer productos o servicios en función del comportamiento previo del usuario. En la Figura 5.9 se puede ver un ejemplo de consentimiento de cookies para el usuario.

Figura 5.9. Ejemplo de consentimiento de *cookies*

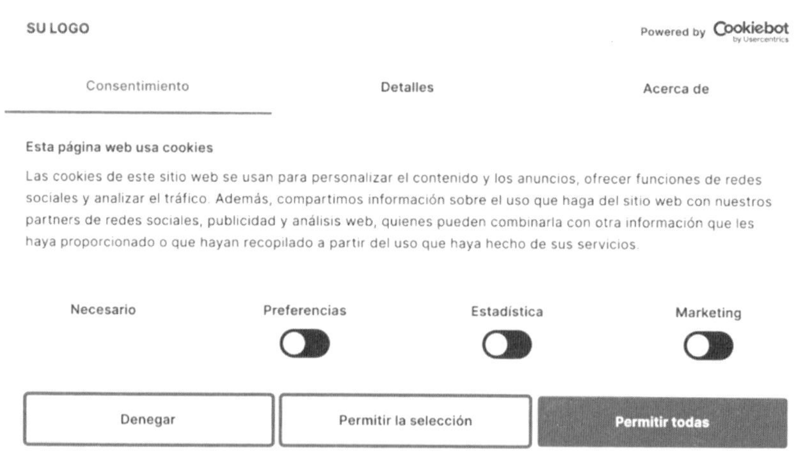

Fuente: Cookiebot (2022).

Estrategias de publicidad digital

1. *Estrategia de marca:* Aquí, el objetivo es crear una percepción positiva de la marca en la mente del consumidor, centrando

esfuerzos en posicionar la marca frente a la competencia. Las campañas de *branded content* (contenido de marca) desempeñan un papel crucial en esta fase, ya que permiten generar contenido relevante que no solo promociona productos, sino que también crea una conexión emocional con el público.

Ejemplo: Red Bull ha creado contenido de marca que se alinea con su audiencia objetivo (deportes extremos) a través de canales como YouTube o su propia plataforma de *streaming*.

2. *Estrategia de conversión:* El objetivo aquí es generar ventas directas, por lo que la personalización es clave. Estrategias como el CRO (*conversion rate optimization*) y la creación de páginas de destino eficaces son esenciales. El uso de testimonios, comparaciones de productos y llamadas a la acción claras ayudan a impulsar la conversión.

3. *Estrategia de volumen vs. margen:*

   • Volumen. Marcas como Amazon y Mercadona buscan vender grandes cantidades de productos, centrándose en precios bajos y en ofrecer productos a gran escala.

   • Margen. Marcas como Apple y Rolex se enfocan en ofrecer productos prémium y se concentran en generar valor añadido a través de la calidad y la diferenciación, maximizando el margen por cada unidad vendida.

La relación con el cliente 2.0 es dinámica, interactiva y exige un enfoque personalizado en todas las etapas del ciclo de vida. A través de estrategias de fidelización, contenido relevante y publicidad digital adaptada, las marcas pueden construir relaciones más profundas y duraderas con los consumidores. Además, la publicidad digital personalizada y la analítica de datos proporcionan a las empresas las herramientas necesarias para ofrecer experiencias más relevantes y optimizadas que aumentan la lealtad del cliente a largo plazo.

5.4. Entrevista

DIEGO BARROSO. *Global digital transformation* en Nestlé

1. ¿Qué es el ecosistema de publicidad en Internet?

El conjunto de organizaciones y comunidades que trabajan para la evolución de la comunicación entre las marcas (anunciantes) y los usuarios (audiencias o *publishers*) en Internet.

2. Compra programática versus publicidad tradicional

La compra programática compra audiencias concretas, estén donde estén, es decir, independientemente del soporte publicitario y la publicidad tradicional, compra espacios publicitarios. A la compra programática también se le llama RTB (*real time bidding*), ya que cada impacto se consigue mediante una subasta en tiempo real.

3. Estrategias de marca versus de conversión

Una busca darse a conocer mientras la otra, asumiendo que ya te conocen, busca incentivar la compra. El objetivo de las campañas de marca suele ser de alcance para generar el máximo tráfico al *site*, mientras que el objetivo de estrategias de conversión es vender más una vez el usuario ya se encuentra en el *site* (ratio de conversión).

4. ¿Cómo fidelizar a nuestros clientes?

Hay miles de maneras y técnicas, pero la mejor es cumplir la promesa inicial por la cual has conseguido el cliente y ofrecerle una buena experiencia para que repita y te recomiende. Una vez has conseguido lo anterior, hay que conseguir los datos de los usuarios a través de formularios de registro para poder tratarlos luego en nuestra base de datos y hacer acciones como pueden ser ofertas personalizadas, usar el *marketing automation*, crear programas de fidelización, etc.

5. ¿Cómo usar la investigación de mercado para mejorar mis campañas digitales?

Es clave conocer a los usuarios para poder impactarles con el mensaje adecuado, en el lugar adecuado y en el momento adecuado, por lo que cualquier fuente que nos ayude a saber un poco más acerca de nuestro público objetivo es recomendable. La investigación de mercados es una de estas fuentes, como lo puede ser una buena analítica web, un buen análisis de las redes sociales o las tendencias de búsqueda. Hay herramientas de sobra que pueden facilitar esta labor.

Capítulo 6

Social media: gestión y estrategia

6.1. *Social media*

A lo largo de los últimos años, la manera en que las marcas interactúan con sus audiencias ha experimentado una profunda transformación. Si bien, en el pasado, los anunciantes se limitaban a lanzar mensajes a audiencias masivas basadas en datos demográficos e informes de mercado, ahora las redes sociales se han convertido en un canal de comunicación bidireccional. Hoy en día, los consumidores son parte activa de la conversación, y sus opiniones pueden viralizarse rápidamente, lo que cambia la dinámica de las estrategias de comunicación. En la Figura 6.1 se pueden ver las tendencias del *social media* para el año 2025.

La emergencia de plataformas como TikTok, BeReal y el renovado énfasis en contenido visual y en tiempo real han reconfigurado la forma en que las marcas construyen su presencia. La interactividad con los consumidores es más directa y las marcas ahora tienen la oportunidad de ser parte de las conversaciones cotidianas. Las redes sociales no son solo un medio de promoción; son un lugar donde los usuarios crean, consumen y comparten contenido de manera continua.

Con la incorporación de nuevas tecnologías, como la inteligencia artificial (IA), el análisis de datos y el aprendizaje automático, las marcas pueden predecir comportamientos y crear experiencias personalizadas que mejoren la relación con sus audiencias.

Figura 6.1. Tendencias del *social media* en 2025

Fuente: Metricool (2025).

6.1.1. ¿Qué es *social media*?

El concepto de redes sociales se ha extendido más allá de ser plataformas de interacción social para convertirse en potentes herramientas de marketing. Según la definición más actual, *social media* son plataformas de comunicación en línea donde los usuarios crean y comparten contenido, como textos, fotos y vídeos. Estas plataformas han evolucionado gracias a las tecnologías de la web 2.0, que facilitan la edición, la publicación y el intercambio de información en tiempo real.

Lo que distingue a las redes sociales de otros canales de comunicación es su interactividad. Las marcas ya no solo emiten mensajes a una audiencia, sino que también escuchan, responden y se adaptan a las demandas de sus usuarios. Esta característica es clave para la construcción de relaciones auténticas y duraderas con los consumidores.

6.1.2. Componentes esenciales de una red social

1. *Emisores.* Usuarios individuales, empresas, comunidades y audiencias.

2. *Contenido generado.* Imágenes, textos, vídeos y otros formatos, que permiten la interacción.

3. *Interacción.* El intercambio de información entre los usuarios y las marcas, que crea una comunidad activa.

6.1.3. El *community manager* en la estrategia digital

En el centro de la gestión de redes sociales está el *community manager* (CM), un profesional cuya responsabilidad es construir y mantener la relación entre una marca y su comunidad *online*. El rol del CM ha evolucionado y en la actualidad es mucho más que un gestor de redes sociales. Es el encargado de representar a la marca, gestionar la reputación *online* y generar contenido que resuene con la audiencia (Figura 6.2).

Figura 6.2. Cualidades del *community manager*

Fuente: Calcáneo, I. (2025).

Funciones básicas del *community manager*

1. *Gestión de la comunidad.* Facilitar la interacción entre la marca y sus seguidores. Esto incluye responder comentarios, moderar las discusiones y fomentar la participación activa.

2. *Creación de contenido.* Desarrollar contenido atractivo y relevante que se alinee con los intereses de la comunidad, manteniendo la coherencia con los valores de la marca.

3. *Análisis y reportes.* Monitorear las métricas de las redes sociales y generar informes sobre el rendimiento de las publicaciones. Esto permite ajustar las estrategias y mejorar la interacción.

4. *Gestión de crisis.* El CM debe ser capaz de actuar rápidamente ante críticas o situaciones difíciles, gestionando los conflictos de manera profesional.

5. *Planificación estratégica.* El CM trabaja con equipos de marketing para crear campañas coherentes que alineen los objetivos comerciales con las necesidades de la audiencia.

Cualidades de un buen *community manager*

- *Adaptabilidad.* El CM debe estar al día con las últimas tendencias tecnológicas y de comportamiento de los usuarios. Las plataformas emergentes, como BeReal, o el uso de tecnologías como la realidad aumentada (AR) exigen que los CM sean flexibles y estén listos para probar nuevas herramientas.

- *Creatividad.* Crear contenido visual, escrito y multimedia atractivo es esencial para captar la atención de los usuarios. La creatividad permite a las marcas destacar entre la saturación de contenido que se produce en las redes.

- *Capacidad analítica.* El CM debe saber interpretar los datos de interacción, como tasas de clics, conversiones y tiempo de permanencia en una publicación para ajustar las estrategias en tiempo real.

- *Empatía y habilidades sociales.* El CM debe ser capaz de interactuar de forma genuina con los usuarios, respondiendo a sus inquietudes y generando un sentido de comunidad alrededor de la marca.

- *Escucha activa.* Es fundamental que el CM sepa escuchar a la comunidad. No solo debe estar pendiente de lo que se dice directamente sobre la marca, sino también de las conversaciones más amplias dentro de su industria.

6.1.4. Estrategia de *social media*: tendencias y herramientas clave

La estrategia de *social media* en la actualidad no es solo una cuestión de tener presencia en las plataformas más populares. Las marcas deben adaptar sus esfuerzos a la evolución constante de las plataformas y las preferencias de los usuarios. Aquí hay algunas de las principales tendencias y herramientas que definen las estrategias actuales:

Plataformas emergentes y nuevas tendencias

- *BeReal.* Esta aplicación se ha popularizado por su enfoque auténtico y menos editado. A diferencia de otras redes sociales que promueven contenidos perfectamente curados, BeReal permite a los usuarios compartir momentos sin filtros. Para las marcas, esto representa una oportunidad para humanizar sus comunicaciones y conectar de manera más genuina con su audiencia (Figura 6.3).

- *TikTok.* La plataforma continúa dominando como el lugar para el contenido de vídeo corto. Las marcas que utilizan TikTok de manera efectiva pueden crear contenido viral y conectar con audiencias jóvenes de forma entretenida y auténtica. La clave para tener éxito en TikTok es la creatividad y el uso de tendencias emergentes.

Figura 6.3. UI BeReal

 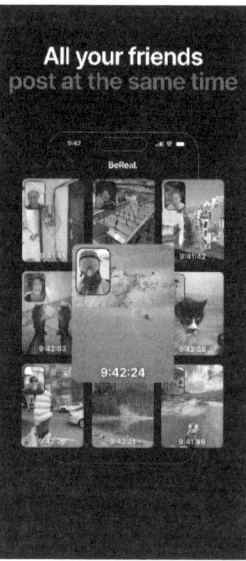 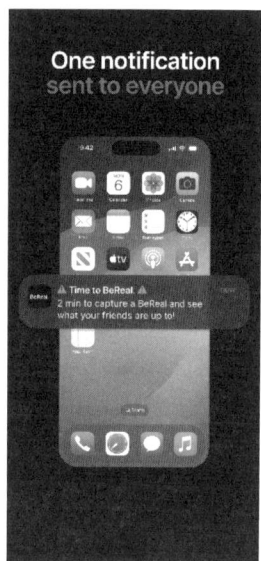

Fuente: bereal.com.

- *Realidad aumentada (AR)*. En plataformas como Instagram y Snapchat, las marcas pueden crear filtros y experiencias interactivas para que los usuarios prueben productos o experimenten contenidos de manera inmersiva. Esta tendencia está en auge y se espera que continúe su crecimiento.

- *Audio y conversaciones en vivo*. Plataformas como Clubhouse y Twitter Spaces ofrecen espacios de conversación en tiempo real. Estas plataformas permiten a las marcas participar en diálogos abiertos y crear comunidades alrededor de temas específicos. El audio en vivo ha aumentado en popularidad, ya que fomenta la interacción directa y la participación.

- *Social commerce*. La compra directa a través de redes sociales sigue en expansión. Instagram, Facebook y TikTok han incorporado opciones para que las marcas vendan directamente desde sus plataformas. El *social commerce* representa la integración de la experiencia de compra dentro de las redes sociales, haciendo la transición de descubrir productos a comprarlos de manera fluida.

Cómo crear una estrategia efectiva

1. *Definición de objetivos.* Antes de empezar, es fundamental tener claro lo que se espera lograr en las redes sociales. ¿Queremos aumentar el conocimiento de marca, generar ventas o fidelizar a los clientes? Cada objetivo tendrá un enfoque diferente.

2. *Segmentación.* Entender a quién se está dirigiendo es crucial. Las redes sociales permiten una segmentación extremadamente precisa basada en intereses, comportamientos, demografía y ubicación. Crear contenido adaptado a estos segmentos puede mejorar de forma significativa la efectividad de la estrategia.

3. *Creación de contenido de valor.* En un entorno saturado de contenido, las marcas deben ofrecer algo relevante y valioso para sus audiencias. El contenido no solo debe ser atractivo, sino también útil, educativo o entretenido. La autenticidad es la clave.

4. *Monitoreo y optimización.* Las redes sociales son dinámicas y lo que funciona hoy puede no ser efectivo mañana. Es importante realizar un seguimiento constante del rendimiento de las campañas y ajustar las tácticas según sea necesario.

La gestión de las redes sociales en la actualidad implica mucho más que publicar contenido. Se trata de construir relaciones auténticas y de valor con los usuarios. En este entorno, los *community managers* deben ser estratégicos, empáticos y adaptables, capaces de utilizar nuevas tecnologías y plataformas emergentes para conectar de manera genuina con las audiencias. Las redes sociales son un campo en constante cambio y solo aquellas marcas que sepan adaptarse a este cambio continuo podrán sobresalir.

6.2. Desarrollo de estrategia de *social media*

Las redes sociales pueden ser poderosas herramientas de marketing, pero no sirven igual para todas las empresas. Un error común es usar las redes sociales solo por estar presentes, sin una planificación adecuada. Sin embargo, para lograr el verdadero potencial de estas plataformas, es esencial entender lo que pueden aportar a la marca y cómo se alinean con los objetivos del negocio.

Una estrategia de *social media* bien estructurada debe ir más allá de lo visible. Las acciones que se llevan a cabo en las plataformas son solo la punta del iceberg; debajo de esa superficie hay una planificación estratégica profunda. Esta planificación incluye la definición de objetivos claros, el conocimiento del negocio y su entorno, un análisis meticuloso de la audiencia, la creación de planes de contenido y la colaboración con *stakeholders*. Además, es crucial monitorizar y hacer un seguimiento constante de los indicadores de éxito para ajustar la estrategia de manera efectiva.

6.2.1. Fases para crear una estrategia de *social media*

1. *Definición de objetivos.* La correcta definición de los objetivos es el punto de partida fundamental para cualquier estrategia. Dependiendo del rol que se tenga dentro de la empresa (fundador, CEO, emprendedor…), la visión de la estrategia variará, pero hay dos áreas clave que se deben cubrir:

   • *Objetivos de negocio.* Son los objetivos globales de la empresa, como liderar una categoría, lanzar una innovación disruptiva o conseguir un porcentaje de cuota de mercado con un producto específico. Ejemplos de objetivos de negocio:

     – Ser líder en el mercado de ropa sostenible.
     – Lanzar una plataforma digital de aprendizaje con una cuota de mercado del 15% para 2025.

   • *Objetivos de comunicación.* Son los objetivos específicos de comunicación que ayudan a alcanzar los objetivos de negocio mediante las redes sociales. Ejemplos de objetivos de comunicación:

- Conseguir un 75% de cobertura de la audiencia objetivo a través de las redes sociales.
- Incrementar en un 20% la generación de *leads* y un 2% de conversión a ventas desde las plataformas sociales.

2. *Escucha activa.* Antes de definir cualquier estrategia, es esencial escuchar a la audiencia y al mercado. Existen dos tipos de escucha:

- *Escucha básica.* Utiliza herramientas gratuitas o de bajo coste para analizar qué está sucediendo en tu industria, qué se dice de tu marca o sector y qué tendencias están emergiendo. Con herramientas como Google Alerts, Social Mention o Hootsuite, se puede obtener una visión general.

- *Escucha avanzada.* Se realiza a través de herramientas de análisis más sofisticadas, muchas veces con un coste elevado, utilizadas por empresas grandes o multinacionales. Estas plataformas proporcionan datos profundos sobre la conversación en redes sociales, opiniones de consumidores y tendencias de mercado, como Brandwatch o Talkwalker.

En ambos casos, el objetivo es tener claridad sobre lo que se está buscando y entender los datos de manera correcta. Los mismos datos pueden generar interpretaciones diferentes, por lo que un buen *briefing* y el conocimiento previo del mercado son claves para el éxito. La correcta interpretación de los datos garantiza que la estrategia esté alineada con los intereses y comportamientos de la audiencia.

3. *Estrategia de activación y contenido.* La estrategia de activación en redes sociales debe estar claramente definida y alineada con la estrategia general de la empresa. Esto implica establecer el rol de cada canal y la estrategia de contenidos adecuada

Cada red social tiene un propósito diferente y se debe adaptar a las características de la audiencia y la marca.

- Instagram y Pinterest son ideales para contenido visual.

- Twitter (actual X) es excelente para la interacción directa y para seguir conversaciones en tiempo real.

- TikTok es perfecto para contenido breve y creativo que atrae a una audiencia joven.

- LinkedIn es la plataforma clave para el sector profesional y el contenido más formal.

6.2.2. Requisitos mínimos para ser visible

Para que una marca sea visible en las redes sociales, debe cumplir con ciertos requisitos mínimos:

- Tener una presencia activa y coherente en las plataformas más relevantes para su público.

- Crear contenido de calidad que sea interesante, entretenido y útil para la audiencia.

- Usar técnicas de SEO en redes sociales, como *hashtags* relevantes, etiquetas geográficas y menciones para ampliar el alcance.

- Mantener una frecuencia de publicaciones adecuada para no perder la conexión con la audiencia.

6.2.3. Medición y KPI (*key performance indicators*)

La medición es crucial para saber si una estrategia de *social media* está funcionando o necesita ajustes. Los KPI son indicadores clave que permiten monitorear el rendimiento de las acciones en las redes sociales. Medir el impacto de las redes sociales no solo se basa en la cantidad de seguidores o interacciones, sino también en cómo esas métricas se alinean con los objetivos de negocio.

Ejemplos de KPI en *social media*:

- *Alcance*. La cantidad de personas que ven las publicaciones de la marca.

- *Engagement (interacción)*. La cantidad de interacciones (comentarios, *likes*, *shares*) que recibe una publicación. Un mayor *engagement* refleja un contenido relevante y valioso para la audiencia.

- *Crecimiento de la comunidad*. Medir el aumento de seguidores en el tiempo y la calidad de esos seguidores.

- *Conversiones*. La cantidad de usuarios que pasan de interactuar con una publicación a realizar una acción significativa, como registrarse en un sitio web o comprar un producto.

Optimización de los KPI

Los KPI deben ser realistas y alcanzables, y deben correlacionarse directamente con los objetivos de la empresa, es decir, SMART (Figura 6.4). A medida que se implementan y se monitorizan las estrategias, es necesario realizar ajustes para mejorar los resultados (Figura 6.4).

- Si un KPI está subiendo, se debe analizar qué factor está contribuyendo a este incremento y cómo maximizarlo.

- Si los KPI no están alcanzando los resultados esperados, es importante investigar y ajustar la estrategia, el contenido o los canales utilizados.

El desarrollo de una estrategia de *social media* efectiva es un proceso integral que requiere tiempo, dedicación y una planificación exhaustiva. Desde la definición clara de objetivos hasta la escucha activa, la creación de contenido relevante y la medición de KPI, cada paso en la estrategia debe estar alineado con los objetivos de negocio. Las redes sociales ofrecen una plataforma poderosa para conectar con la audiencia, pero solo a través de una planificación estratégica bien pensada se puede aprovechar su verdadero potencial.

Figura 6.4. Objetivos de marketing SMART

 Specific (Específico)
¿El objetivo define una meta clara? Tu objetivo debe
utilizar verbos de acción y señalar qué miembros
del equipo son responsables de qué.

 Medible
¿El objetivo define el éxito de tu proyecto o negocio en
términos claros? El objetivo debe ser una meta cuantitativa
o cualitativa que pueda medirse de algún modo.

 Accionable
¿Puede utilizarse la información para mejorar el rendimiento?
Si el objetivo no cambia el comportamiento del personal para
ayudarte a mejorar su rendimiento, no tiene sentido usarlo.

 Relevante
¿Puede aplicarse la información al problema concreto
al que te enfrentas?

 Time-bound (Limitado en el tiempo)
¿Pueden establecerse objetivos para distintos periodos
de tiempo como metas con las que comparar?

Fuente: Camarena, A. (2023).

6.3. Entrevista

Georgia Taglietti. *Directora de departamento de comunicación* en Sónar Festival

1. ¿Cuáles son las mejores estrategias para llevar a cabo un plan de *social media*?

Un plan de *social media* es parte siempre de un plan de comunicación completo que incluye los *social media* como soporte o como vehículo principal del mensaje. El desarrollo de los *social media* como plataformas de marketing y de venta directa ha implicado un cambio de percepción de su uso y de su finalidad. Por esta razón la estrategia de *social media* tiene que estar perfectamente sincronizada con el presupuesto de marketing, con los mensajes clave de la marca y con el *storytelling* que se haya decidido en primer lugar. El plan de comunicación en las redes sociales tiene que reflejar con transparencia y eficacia los valores de la marca, los objetivos de venta, los tiempos de desarrollo de tales objetivos y el tono con el cual la marca quiere dirigirse en estas plataformas de comunicación directa con el público.

2. ¿Cómo se monitoriza el *social media*?

La monitorización de las redes sociales implica una atención activa y una lectura de las analíticas que cada red social ofrece a los *social media managers*. Estos datos, cada vez más completos y más exhaustivos, son la clave de la monitorización del comportamiento del seguidor y del cliente. También es importante y necesario seguir comparando las acciones de la competencia, activando *benchmarks* puntuales o mensuales para confrontar resultados con otros competidores. Existen otras aplicaciones externas, así como servicios complementarios que se pueden contratar de forma puntual para monitorizar *non data* cuál es el sentimiento en las redes.

3. ¿Cuáles son las empresas a las cuales puedo acudir para analizar los datos?

Son muchísimas las empresas que ofrecen este servicio, pero cada vez más este análisis se puede hacer directamente *in-house*. Las redes mismas, sobre todo Facebook, ofrecen accesos a través de su *ad manager* a mucha información adicional. Contratar un *data manager* en la misma empresa es una solución infinitamente más rentable y accesible.

4. ¿Qué importancia tiene el contenido en el *social media marketing*?

El contenido es fundamental; lo que más se necesita es contenido audiovisual, más que escrito. Es imprescindible acompañar cualquier plan de comunicación en redes con un desglose audiovisual de impacto, bajado a múltiples formatos que se ajusten a las varias plataformas y a las distintas audiencias. La función de *copy* es importante, pero crece la necesidad de tener a mano siempre un *video editor*, fotografías de alta resolución y un buen departamento o unidad de creatividad visual. El *community* ahora mismo debe formarse en estas varias disciplinas para coordinar, organizar y diseñar el plan y la estrategia. Un ejemplo claro es Instagram.

5. ¿Cómo se consigue el éxito en una campaña de *social media*?

Gracias a la perfecta sincronización de múltiples elementos: *timing*, contenido, objetivos, *targets*. En *social media* nunca hay que lanzar sin escuchar a la audiencia; por ser un canal directo, B2C tiene que ser planteado como un diálogo, una conversación. Cuanto más se afine el momento, el contenido y el mensaje que nuestra audiencia quiere oír, más éxito se conseguirá en estos canales. Como toda campaña, debe imaginarse como una orquesta afinada, que consigue una participación harmónica de todos sus instrumentos.

Capítulo 7

Dirección en *ecommerce*

7.1. Introducción al *ecommerce*

El comercio electrónico, definido por la OCDE como «la compra y venta de productos o servicios a través de redes de comunicación», ha experimentado un crecimiento exponencial desde sus primeras aplicaciones comerciales a mediados de los años noventa. Amazon, fundada en 1994, fue pionera en este fenómeno, comenzando con la venta de libros y expandiéndose a una plataforma de comercio global que ha transformado la industria del *retail*.

El auge del *ecommerce* ha sido posible gracias al desarrollo de nuevas tecnologías, la accesibilidad global a Internet y la evolución de las plataformas logísticas, las cuales han optimizado la entrega de productos en tiempos cada vez más cortos.

7.1.1. ¿Qué implica la llegada de Internet para las empresas?

- *Accesibilidad.* Las empresas tienen ahora la capacidad de operar 24/7 a nivel global, alcanzando a una audiencia sin barreras geográficas.

- *Tecnología.* Con herramientas como Shopify, WooCommerce y Wix, es posible construir tiendas *online* sin grandes inversiones en tecnología avanzada, permitiendo a emprendedores y grandes corporaciones participar por igual.

- *Visibilidad y posicionamiento.* La visibilidad *online* permite a las empresas llegar a un público global, y el uso de estrategias de SEO y SEM mejora el posicionamiento de sus productos en los motores de búsqueda como Google.

¿Los retailers *offline* y *online* trabajan por separado?

La omnicanalidad es una estrategia clave para el *ecommerce* moderno. La integración de los canales *online* y *offline* es esencial para crear una experiencia de compra fluida y continua, donde el consumidor puede interactuar con la marca a través de diferentes puntos de contacto (tienda física, sitio web, redes sociales o *apps* móviles).

Características de una estrategia omnicanal:

1. *Proceso de compra claro y fluido.* En cualquier canal, el proceso de compra debe ser coherente.

2. *Opciones flexibles de entrega y recogida.* El consumidor puede optar por recibir el producto en casa o recogerlo en la tienda.

3. *Promociones segmentadas.* Las campañas de marketing están dirigidas a audiencias específicas con ofertas personalizadas.

4. *Atención al cliente mejorada.* Las herramientas de CRM y los *chatbots* permiten una atención más eficiente.

5. *Gestión sincronizada de inventarios.* Los sistemas de gestión de inventario son integrados para evitar problemas de *stock* y asegurar la satisfacción del cliente.

El *marketplace*

Los *marketplaces*, como Amazon o eBay, han cambiado drásticamente la forma en que los consumidores compran productos. Hoy en día, los *marketplaces* son plataformas clave en el comercio electrónico; Amazon representa más del 40% del mercado global de *ecommerce* (Orús, 2024).

Tipos de *marketplaces*:

1. *Generalistas:* Ofrecen una amplia variedad de productos y servicios (por ejemplo, Amazon o eBay; ver Figura 7.1).

Figura 7.1 Marketplace Amazon

Fuente: amazon.es.

2. *Verticales o de nicho.* Se especializan en categorías de productos específicas (por ejemplo, Runnics, un *marketplace* especializado en deportes, ver Figura 7.2).

Figura 7.2. Marketplace Runnics

Fuente: runnics.com.

3. *Descentralizados.* Función P2P (*peer-to-peer*), donde los vendedores tienen total control sobre las transacciones, sin un intermediario central (por ejemplo, OpenBazaar u OpenSea, ver Figura 7.3).

Figura 7.3. Marketplace OpenSea

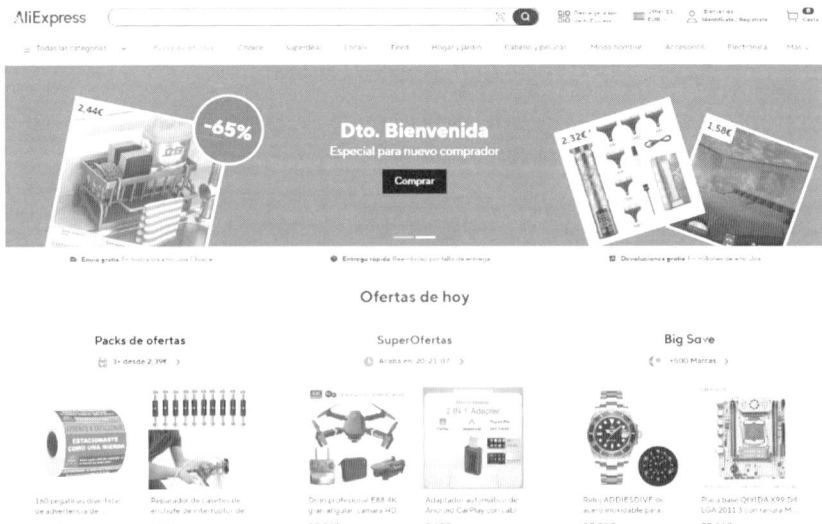

Fuente: Salleras, A. (2024).

4. *Managed marketplaces.* El operador del *marketplace* proporciona servicios de logística, atención al cliente y procesos de verificación de los vendedores (por ejemplo, Etsy o AliExpress, ver Figura 7.4).

Figura 7.4. Marketplace AliExpress

Fuente: es.aliexpress.com.

Los *marketplaces* verticales se están convirtiendo en la opción preferida de muchos consumidores que buscan especialización. Estos ofrecen un enfoque más personalizado, donde el cliente tiene acceso a una experiencia más enfocada a sus intereses. Etsy, por ejemplo, ha capitalizado este mercado al centrarse en productos hechos a mano o *vintage*, lo que lo diferencia de gigantes como Amazon.

7.1.2. Estrategias y modelos de *ecommerce*

En el mercado actual, las estrategias de *ecommerce* se centran en dos áreas clave: volumen y margen. Estas estrategias guían el enfoque de las campañas y los modelos de negocio adoptados por las marcas.

- *Estrategia de volumen.* Empresas como Amazon y Ryanair priorizan la venta masiva a precios bajos. El objetivo es atraer a una gran cantidad de clientes, y el valor se basa en la accesibilidad y la rapidez.

- *Estrategia de margen.* Marcas como Apple o Rolex venden productos con márgenes más altos al centrarse en la exclusividad y la diferenciación. Estas empresas se dirigen a un público que valora la calidad y está dispuesto a pagar más por un producto *prémium*.

¿Cómo optimizar una estrategia de *ecommerce*?

1. *Optimización de la conversión (CRO).* Utilizar herramientas de A/B testing, pruebas de usabilidad y análisis de comportamiento para mejorar las tasas de conversión en la tienda *online*. Esto es fundamental para incrementar el ROI.

2. *Retargeting y personalización.* A través de la recopilación de datos del usuario, como su comportamiento en la web o el abandono del carrito, las marcas pueden enviar mensajes personalizados que incentiven la compra.

3. *Automatización.* La automatización de marketing a través de plataformas como HubSpot o Klaviyo puede mejorar la eficiencia y personalización de las campañas, garantizando que el mensaje adecuado llegue al cliente en el momento oportuno.

La tecnología en *ecommerce*

La inteligencia artificial (IA) está transformando el *ecommerce* al permitir una personalización más avanzada y mejorar la experiencia de compra. Por ejemplo, Amazon utiliza algoritmos de IA para predecir lo que los usuarios desean comprar y recomendar productos basados en su historial de navegación y compras previas.

- *Chatbots y asistentes virtuales.* Usados por muchas marcas, estos ofrecen una atención al cliente instantánea, como lo hace H&M o Sephora, para resolver dudas y facilitar compras rápidas.

- *Reconocimiento de voz.* Con el auge de los asistentes virtuales como Siri y Alexa, las marcas están adoptando sistemas de compra por voz, lo que facilita aún más la compra *online*.

7.1.3. Tendencias de pago y logística

Los métodos de pago están evolucionando con la inclusión de criptomonedas, pagos mediante QR y sistemas como Apple Pay y Google Pay, los cuales permiten realizar transacciones rápidas y seguras. La logística de última milla también ha avanzado con el uso de drones y vehículos autónomos para entregas rápidas.

7.2. Estrategia *ecommerce*

El éxito en el *ecommerce* no depende solo de tener una tienda *online* funcional, sino también de desarrollar una estrategia eficaz y bien ejecutada. Esta estrategia debe considerar no solo el recorrido del cliente, sino también la experiencia digital completa, desde la atracción hasta la conversión y la fidelización.

7.2.1. Las 4 E del *ecommerce*

Ogilvy introdujo el concepto de las 4 E como un enfoque fundamental para crear una estrategia sólida de *ecommerce* (Figura 7.5):

- *Experiencias*. No solo se trata de vender productos, sino de crear experiencias únicas a lo largo de todo el *customer journey*. Desde la primera interacción con el sitio web hasta el poscompra, cada punto de contacto debe ser memorable y satisfacer las necesidades del cliente.

- *Exchange*. La relación con el cliente debe ser bidireccional. No solo se debe recibir, sino también escuchar activamente lo que los clientes necesitan. Es importante crear espacios donde los consumidores puedan expresar sus opiniones y sentirse escuchados.

- *Everyplace*. La omnicanalidad es clave. Los consumidores esperan una experiencia coherente y fluida en todos los puntos de contacto, ya sea *online* o en tiendas físicas, en aplicaciones o a través de redes sociales. La presencia de la marca debe estar donde el cliente la busque.

- *Evangelism*. Forjar una relación de confianza con el cliente para convertirlo en un embajador de la marca. A través de la lealtad y la satisfacción, los clientes se convierten en prescriptores, recomendando la marca a otros.

7.2.2. *Customer centric*: enfoque centrado en el cliente

Una estrategia de *ecommerce* exitosa debe poner al cliente en el centro. Entender las necesidades y los deseos de los clientes, ofrecerles valor a lo largo de su ciclo de vida y crear experiencias personalizadas son las bases de un negocio exitoso.

Figura 7.5. Transición entre las 4 P y las 4 E del marketing

Fuente: Licari, S. (2023).

Los objetivos más comunes de una estrategia *customer centric* son:

1. *Incrementar ventas.* Generar más transacciones tanto de nuevos clientes como de clientes recurrentes.

2. *Obtener más beneficios.* No solo aumentar las ventas, sino mejorar los márgenes de ganancia, optimizando los costes y mejorando la eficiencia operativa.

3. *Incrementar el ROI (return on investment).* Asegurar que las inversiones en marketing y la adquisición de clientes generen un retorno significativo y sostenible.

7.2.3. Palancas para conseguir los objetivos

A continuación, se describen algunas de las palancas clave para alcanzar los objetivos de una estrategia de *ecommerce*:

- *Más tráfico.* Incrementar el volumen de tráfico hacia el sitio web con tráfico de calidad y a menor coste. Esto implica una combinación de estrategias SEO, SEM, marketing de contenido y redes sociales.

- *Más conversión.* Maximizar la tasa de conversión del tráfico, asegurándose de que los visitantes que lleguen a la web realicen una acción deseada, como una compra, suscripción o descarga.

- *Más CLTV (customer lifetime value).* Aumentar el valor a largo plazo que cada cliente aporta a la empresa, asegurando que repitan sus compras a lo largo del tiempo.

- *Menos CAC (coste de adquisición de cliente).* Reducir los costes asociados a la adquisición de nuevos clientes, mejorando la eficiencia de las campañas publicitarias y utilizando marketing orgánico y técnicas de fidelización.

7.2.4. El modelo AIDA: atracción, interés, deseo y acción

El modelo AIDA es crucial para cualquier estrategia de marketing, incluido el *ecommerce*. Se basa en cuatro etapas del viaje del cliente (Figura 7.6):

1. *Atención.* Atraer la atención del cliente potencial.

2. *Interés.* Mantener el interés de los usuarios a través de contenidos atractivos y relevantes.

3. *Deseo.* Fomentar el deseo de compra mostrando los beneficios del producto o servicio.

4. *Acción.* Llevar al cliente a la acción, es decir, completar la compra.

Figura 7.6. Modelo AIDA

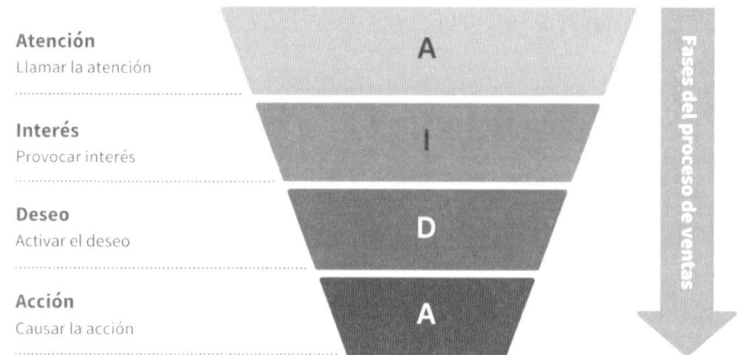

Fuente: Hollenbeck, A. S. (2025).

Este modelo ayuda a estructurar el recorrido de compra de manera clara, asegurando que cada etapa se gestione de forma eficiente.

7.2.5. Construir una presencia digital sólida

Paso 1. Construye tu «local» en la web

Tu sitio web es el centro de toda tu estrategia digital. Debe ser accesible, fácil de navegar y diseñado para ofrecer una gran experiencia al usuario. Además, el contenido debe ser relevante, informativo y estar optimizado para SEO para atraer tráfico orgánico.

Contenido: El contenido es el motor que impulsa tu presencia en línea. No solo debe ser relevante para los usuarios, sino también debe ser optimizado para buscadores. Crear contenido atractivo y útil ayudará a posicionar mejor la web y a atraer tráfico cualificado.

Paso 2. Lleva tráfico a tu «local»

De nada sirve tener un sitio web bien diseñado si los usuarios no lo conocen. Para atraer tráfico, puedes utilizar diferentes canales:

- *SEO.* Optimización en motores de búsqueda para atraer tráfico orgánico.

- *SEM.* Publicidad de pago en buscadores como Google Ads.

- *Redes sociales.* Facebook, Instagram, TikTok y otras plataformas sociales son fundamentales para aumentar la visibilidad y generar tráfico hacia tu sitio web.

Paso 3. Incentivar a los visitantes para que te compren

La conversión es el proceso de transformar visitantes en clientes. Esto implica optimizar las llamadas a la acción (CTA), las páginas de productos y el proceso de compra. Ofrecer descuentos, promociones exclusivas y testimonios de clientes también puede incentivar la conversión.

Paso 4: Mantente en el radar del cliente

El proceso de compra no siempre es inmediato. Muchos clientes potenciales investigan durante días, semanas o incluso meses antes de tomar una decisión. Aquí es donde el *email marketing* y el *remarketing* juegan un papel crucial, manteniendo la marca visible y en la mente del consumidor.

7.2.6. Analítica: medición del rendimiento

Para asegurar que la estrategia de *ecommerce* sea efectiva, se deben medir las métricas clave. Esto incluye el seguimiento de las acciones realizadas, como la adquisición de clientes, la conversión y la retención.

Métricas clave en *ecommerce*:

1. *CAC (coste de adquisición de cliente)*. Mide el coste necesario para adquirir un nuevo cliente. Esto puede calcularse dividiendo el total de los gastos de marketing entre el número de nuevos clientes adquiridos.

   Ejemplo: Si gastas 1.000 € en publicidad y obtienes 50 nuevos clientes, el CAC sería de 20 € por cliente (1.000 € / 50).

2. *CLTV (customer lifetime value)*. Estima cuánto generará un cliente a lo largo de su relación con tu marca. Si un cliente compra productos de 50 € cada tres meses durante 3 años, el CLTV sería:

   CLTV = 50 € (compra media) × 4 (compras por año) × 3 años = 600 €.

3. *Churn rate (tasa de abandono)*. Mide el porcentaje de clientes que abandonan la empresa o dejan de comprar. Esto es esencial para evaluar la lealtad de los clientes y la efectividad de las estrategias de retención.

   Ejemplo: Si tienes 200 clientes al inicio del mes y 30 se dan de baja, el *churn rate* sería:

   Churn rate = 30 (clientes perdidos) / 200 (clientes iniciales) = 15%

Para tener éxito en el *ecommerce*, es fundamental desarrollar una estrategia centrada en el cliente, medir constantemente las métricas clave y adaptarse a un entorno digital en constante cambio. Las empresas deben comprender las 4 E, trabajar en su presencia digital y asegurarse de que cada acción esté dirigida a mejorar la experiencia del cliente. Con las herramientas adecuadas, la analítica y la omnicanalidad, las empresas pueden alcanzar el éxito y la lealtad de los clientes a largo plazo.

7.3. La fidelización del ecliente

La fidelización de clientes no solo es más rentable, sino que también se ha convertido en un aspecto clave para la sostenibilidad de un negocio *online*. A medida que el comercio digital sigue evolucionando, se han introducido nuevas tecnologías, como la inteligencia artificial (IA), que mejoran la capacidad de las marcas para crear experiencias más personalizadas y eficientes para los clientes.

7.3.1. ¿Por qué fidelizar es más rentable?

- *Desconfianza.* El primer obstáculo en la venta *online* es la desconfianza. Sin embargo, una vez que un cliente ha hecho su compra y la experiencia ha sido positiva, la confianza se establece, lo que facilita la lealtad y reduce el miedo a la compra en línea.

- *Conocimiento.* Los datos proporcionados por los clientes actuales son muy útiles. Gracias a la inteligencia artificial, los análisis predictivos nos permiten personalizar ofertas, comprender sus preferencias y anticiparnos a sus necesidades, lo que mejora la efectividad de las campañas de fidelización.

- *Costumbre.* Los usuarios prefieren interactuar con sitios que ya conocen y en los que se sienten cómodos. La automatización de la experiencia de compra, facilitada por la IA, ayuda a crear entornos más intuitivos y optimizados para los usuarios.

- *Comodidad.* Ofrecer un proceso de compra eficiente, sin necesidad de que el cliente se registre nuevamente en cada compra, es vital para la fidelización. La tecnología de IA juega un papel en la creación de experiencias de usuario (UX) fluidas, como el autocompletado de formularios y la personalización en tiempo real.

7.3.2. ¿Cómo fidelizamos a nuestros clientes?

Aunque las ofertas y descuentos exclusivos son importantes, no deben ser la única estrategia. La inteligencia artificial tiene un papel clave en la fidelización, ya que permite personalizar la experiencia de los usuarios de una manera que sería inviable sin ella.

La IA puede analizar grandes volúmenes de datos sobre el comportamiento de los usuarios y, a partir de eso, proporcionar recomendaciones personalizadas, ya sea en el contenido o en productos. Gracias a herramientas como recomendadores inteligentes, es posible mostrar a los clientes productos relacionados o complementarios basados en su historial de compras o navegación.

Contenidos exclusivos

El contenido sigue siendo el «oxígeno» de la presencia *online*. Gracias a la inteligencia artificial, las empresas pueden crear contenido exclusivo que se ajuste mejor a las preferencias de sus usuarios. Además, la automatización de procesos como el envío de boletines o la generación de contenido dinámico permite ofrecer experiencias más personalizadas.

Ejemplos de contenidos exclusivos:

- *Booking.com* utiliza la IA para personalizar la guía de viajes que ofrece a sus usuarios después de hacer una reserva. Además, la IA también predice qué tipo de actividades o servicios podrían interesar a cada viajero.

- *K-tuin* utiliza plataformas de IA para personalizar la formación que ofrece a sus clientes de Apple, enviando tutoriales específicos según el comportamiento previo de compra o navegación.

Ofertas y descuentos exclusivos

Las ofertas personalizadas basadas en datos de comportamiento son cada vez más comunes. Con la IA, las plataformas pueden identificar patrones de compra y ofrecer descuentos exclusivos a los clientes en el momento más adecuado.

Por ejemplo, Macnificos utiliza análisis predictivos basados en la IA para anticipar qué productos podrían interesar más a los usuarios y generar ofertas de última hora que fomenten la compra inmediata.

Cross-selling (venta cruzada)

La inteligencia artificial es ideal para detectar patrones en el comportamiento de compra y recomendar productos adicionales que puedan interesar al cliente. Por ejemplo, el uso de modelos de predicción que analizan los hábitos de compra pasados y sugieren productos complementarios, aumentando el *customer lifetime value* (CLTV).

Por ejemplo, SaaS y productos de tecnología como servicios como Spotify o Netflix usan la IA para realizar recomendaciones personalizadas basadas en el comportamiento de escucha o visualización, incentivando a los usuarios a explorar más contenido relacionado.

Boca-oreja (viralidad)

La IA también puede identificar los embajadores de marca dentro de una base de clientes. Estos clientes leales son más proclives a compartir contenido, hacer recomendaciones y ayudar a generar viralidad.

Por ejemplo, ING utiliza algoritmos de recomendación basados en IA para incentivar a los clientes satisfechos a referir nuevos usuarios a través de un sistema de recompensas.

Prerreservas (pre-orders)

Los *early adopters*, que están ansiosos por probar productos nuevos, valoran las prerreservas. La IA puede ayudar a identificar a estos usuarios potenciales a partir de sus interacciones anteriores con la marca, haciendo que las ofertas de prerreservas sean aún más relevantes.

Por ejemplo: Microsoft utiliza la IA para predecir la demanda de sus nuevos dispositivos Surface y ofrecer a sus usuarios la opción de prerreservar basándose en sus preferencias previas.

Acciones *on* y *offline*

La fidelización no debe limitarse a lo digital. Las empresas pueden aprovechar la IA para ofrecer experiencias físicas personalizadas. Un ejemplo es la recomendación inteligente de productos en tiendas físicas basadas en los datos recogidos previamente *online*.

Por ejemplo, Nikon utiliza inteligencia artificial para analizar los comportamientos de compra y luego organizar eventos presenciales como sesiones fotográficas o demostraciones en vivo para clientes interesados en ciertos modelos o accesorios.

7.3.3. Medir la satisfacción del cliente con IA

Las herramientas de IA también son útiles para medir la satisfacción del cliente. Los *chatbots* inteligentes pueden analizar las conversaciones de los clientes y determinar su nivel de satisfacción en tiempo real, mientras que herramientas como el NPS (*Net Promoter Score*) y el CSAT (*Customer Satisfaction Score*) pueden automatizar la recopilación de *feedback*.

Sistema NPS (*Net Promoter Score*)

El NPS se puede automatizar utilizando IA, lo que facilita la recopilación de comentarios y la segmentación de los usuarios en promotores, pasivos o detractores, permitiendo a las marcas actuar rápidamente.

Customer Satisfaction Score (CSAT)

A través de encuestas automáticas que se envían posinteracción, la IA puede analizar las respuestas y determinar patrones de satisfacción o insatisfacción en una escala de 1 a 10 (Figura 7.7).

7.3.4. Atención al cliente automatizada con IA

El servicio de atención al cliente es uno de los campos más beneficiados por la implementación de IA. A través de *chatbots* o

Figura 7.7. CSAT vs. NPS

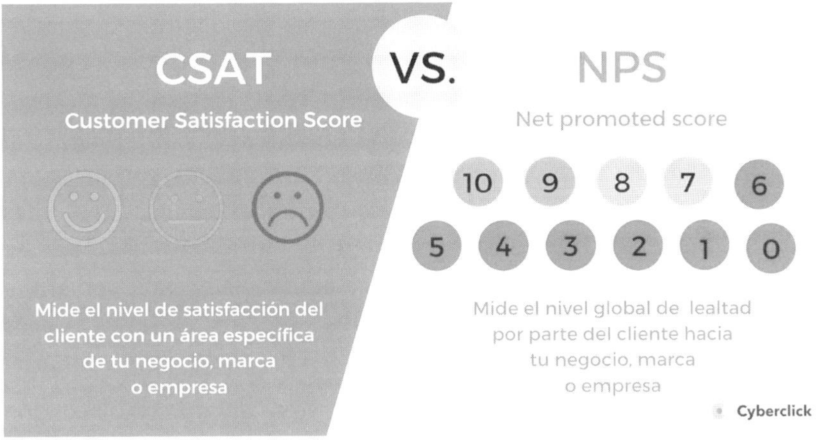

Fuente: Ribas, A. (2022).

asistentes virtuales, las empresas pueden ofrecer respuestas instantáneas y resolver problemas rápidamente, lo que mejora la experiencia del cliente:

- *Chatbots y asistentes virtuales.* Usados para resolver dudas o problemas comunes de los usuarios en cualquier momento del día, mejorando la eficiencia y reduciendo costes operativos.

- *Análisis predictivo.* Los sistemas de IA también pueden predecir qué problemas o consultas son más probables, ayudando a las empresas a anticiparse y ofrecer soluciones proactivas.

7.4. Entrevista

Dani Viladot. *CRM, CX & trade marketing* en Veritas

1. ¿Las empresas han de ser todas omnicanales?

El cliente debe estar en el centro de la estrategia de todas las empresas, por lo que las empresas deberían estar en todos los canales donde se encuentren sus clientes. Mejor llamémosle *frictionless*, que exista la menor fricción posible entre canales.

2. ¿Qué diferentes tipos de *marketplaces* hay?

Los marketplaces pueden clasificarse de distintas maneras. Por tipo de cliente, distinguimos entre *B2B* (empresa a empresa) y *B2C* (empresa a consumidor final). Según su alcance, pueden ser *generalistas* —como Amazon o AliExpress— o *especializados* en un sector concreto. También varían según su modelo de gestión: los *managed marketplaces*, los más comunes, donde terceros venden sus productos a través de una plataforma centralizada; o los *marketplaces* bajo demanda, más frecuentes en el ámbito de los servicios, como es el caso de muchos modelos *SaaS*.

Lo fundamental es seleccionar el tipo de marketplace que mejor se alinee con nuestra propuesta de valor.

3. ¿Se puede expandir mi negocio desarrollando el *ecommerce*?

Por supuesto: el *ecommerce* nos puede ayudar a rebasar fronteras, a lanzar nuevos productos o nuevas líneas de negocio de nuestras marcas.

4. *Ecommerce versus mobile commerce, mobile first.*

Debemos tender a poner en primera línea los hábitos de nuestros consumidores, y actualmente el uso del móvil está mucho más extendido que los *desktops*, e irá a más. Nuestros *ecommerces* deben reflejar esos cambios de tendencia.

5. ¿Cómo conseguimos un tráfico cualificado a nuestro *ecommerce*?

Tres palabras: contenido, valor y generosidad. Más allá de la oferta y de buscar cantidad, ofrezcamos *lead magnets* de alto valor y calidad para conseguir un tráfico más afín y más cualificado.

Capítulo 8

Analítica web y métricas

8.1. Analítica web. Cómo medir para optimizar un negocio digital

La analítica web o analítica digital es la disciplina que se encarga de medir, recoger, analizar e interpretar los datos relacionados con el comportamiento de los usuarios en un sitio web. Su propósito es mejorar el uso de la página y optimizar su rendimiento. Para ello, las métricas clave que se obtienen permiten incrementar la audiencia, maximizar las conversiones y fidelizar a los usuarios.

Tal como señala Pere Rovira, «la analítica web es el estudio de la actividad de un sitio web a partir de los datos extraídos de la navegación de los usuarios». Y como menciona Avinash Kaushik, «el análisis cualitativo y cuantitativo de los datos de nuestra web y la competencia lleva a desarrollar mejoras continuas en la experiencia *online* de nuestros clientes y que posteriormente se traduce en conseguir los objetivos deseados (*online* y *offline*)».

8.1.1. Analítica digital: un paso más allá

La analítica digital no solo incluye los datos del sitio web, sino que también abarca todas las interacciones en plataformas como redes sociales, aplicaciones móviles, *email marketing* y más. Esta disciplina se convierte en una herramienta clave para la mejora continua, ayudando a optimizar la experiencia de los usuarios y a alcanzar los objetivos comerciales de la empresa.

Kaushik también destaca que «la analítica digital es un proceso de mejora continua que nos permite alcanzar nuestros objetivos,

optimizando la experiencia de nuestros clientes y clientes potenciales a través del análisis tanto cualitativo como cuantitativo de los
datos de nuestro negocio y de nuestra competencia».

¿Para qué sirve la analítica web?

La analítica web ayuda a las empresas a comprender el rendimiento de su sitio web y a tomar decisiones basadas en datos para
optimizar su presencia digital. Algunas de las funciones clave de la
analítica web son:

- *Conocer el rendimiento económico.* Medir el retorno de inversión
  (ROI) de las acciones de marketing digital.

- *Evaluar la interfaz.* Determinar si el diseño del sitio web es
  eficaz y fácil de usar para los visitantes.

- *Medir la cuota de mercado.* Posicionarse frente a la competencia
  y evaluar la eficacia de la estrategia digital.

¿Qué información recoge la analítica web?

La analítica web ofrece una gran variedad de datos sobre cómo
los usuarios interactúan con el sitio. Algunos de los más relevantes
son:

- *Fuente de tráfico.* ¿De qué canal provienen los visitantes (búsqueda orgánica, tráfico directo, redes sociales, etc.)?

- *Palabras clave.* ¿Qué términos de búsqueda usan los usuarios
  para encontrar el sitio?

- *Datos sociodemográficos.* Información sobre ubicación, dispositivo, navegador, etc.

- *Zonas de clics.* ¿Dónde hacen clic los usuarios dentro de la
  página?

- *Duración de la visita.* ¿Cuánto tiempo permanecen los usuarios
  en el sitio?

- *Páginas visitadas.* ¿Cuáles son las páginas más visitadas?

- *Tasa de conversión.* ¿Qué porcentaje de visitantes realiza una acción deseada (compra, registro, etc.)?

- *Abandono de páginas.* ¿En qué páginas se produce el mayor abandono?

- *Interacciones sociales.* ¿Qué se dice sobre la marca en redes sociales?

¿Qué nos dice la analítica web?

Gracias a los datos de la analítica web, podemos responder a preguntas clave que nos ayudarán a optimizar nuestras estrategias:

- ¿Estamos bien posicionados en los motores de búsqueda?

- ¿Nuestra estrategia de captación de tráfico está generando conversiones?

- ¿Estamos cumpliendo nuestros objetivos comerciales?

La analítica web nos proporciona las métricas necesarias para entender cómo estamos desempeñándonos y qué áreas necesitamos mejorar.

8.1.2. La relación de la inteligencia artificial con la analítica web

La inteligencia artificial (IA) ha transformado la forma en que las empresas abordan la analítica web. En lugar de depender únicamente de métricas simples, la IA permite extraer patrones complejos a partir de grandes volúmenes de datos, ayudando a las empresas a tomar decisiones más informadas y mejorar la experiencia del usuario.

Aplicaciones de la IA en la analítica web:

1. *Análisis predictivo.* La IA puede predecir el comportamiento futuro de los usuarios, como la probabilidad de que realicen una compra o abandonen el carrito de compra. Utilizando

algoritmos de aprendizaje automático (*machine learning*), las empresas pueden anticiparse a las necesidades del usuario y personalizar la experiencia.

2. *Optimización de conversiones (CRO)*. La IA puede analizar miles de variaciones de diseño y contenido de la página web y determinar automáticamente qué elementos contribuyen más a la conversión, haciendo recomendaciones en tiempo real.

3. *Segmentación avanzada*. Los algoritmos de IA pueden identificar patrones de comportamiento y segmentar automáticamente a los usuarios en grupos más precisos, lo que mejora la personalización y la relevancia de las campañas de marketing.

4. *Análisis del sentimiento*. Utilizando técnicas de procesamiento de lenguaje natural (NLP), la IA puede analizar comentarios y publicaciones en redes sociales para determinar el sentimiento de los usuarios hacia una marca, lo cual es útil para medir la reputación y ajustar la estrategia en consecuencia.

5. *Automatización de informes*. Las herramientas de IA pueden automatizar la generación de informes complejos y análisis en tiempo real, ahorrando tiempo y proporcionando resultados más rápidos para la toma de decisiones.

6. *Reconocimiento de patrones*. La IA puede identificar patrones y tendencias en el comportamiento del usuario que podrían pasar desapercibidos para los humanos. Esto permite a las empresas mejorar la experiencia de usuario de forma más eficaz.

El departamento de analítica

En muchas organizaciones, el equipo de analítica web forma parte del área de marketing o comercial y, en algunas empresas de *ecommerce*, es un departamento fundamental para el crecimiento del negocio. Este equipo, a menudo, trabaja de manera conjunta con el equipo de *data science* o inteligencia artificial para implementar soluciones tecnológicas avanzadas que optimicen la experiencia del usuario y los resultados comerciales.

Es crucial que el equipo de analítica web no solo se limite a recopilar y analizar datos, sino que también eduque a toda la organización sobre la importancia de estos datos, transformando la analítica en un motor de cambio y optimización constante.

La regla 90/10

Una clave importante para una implementación exitosa de la analítica web es la regla 90/10: invertir el 10% del presupuesto en herramientas adecuadas (como plataformas de analítica, IA, etc.) y el 90% en profesionales capacitados que puedan analizar e interpretar estos datos para tomar decisiones informadas.

Esto asegura que las herramientas y tecnologías se alineen con los objetivos de la empresa, mientras que el verdadero valor proviene del trabajo humano que puede interpretar los datos y utilizarlos de manera estratégica.

8.2. Google Analytics

Google Analytics es la herramienta de análisis web más popular y utilizada en todo el mundo; es fundamental para medir el rendimiento de un sitio web y entender cómo los usuarios interactúan con él. Esta plataforma gratuita ofrece potentes métricas que ayudan a evaluar tanto la eficacia de la página web como las estrategias de marketing digital implementadas.

8.2.1. ¿Cómo funciona Google Analytics?

El funcionamiento de Google Analytics se basa en la recopilación y el análisis de datos de los usuarios que visitan el sitio web. Los datos son recogidos mediante un código de seguimiento que se coloca en todas las páginas de la web, que luego envía la información a Google Analytics para su procesamiento.

Metodología de análisis:

1. *Establecer los motivos del análisis y el contexto temporal.* Es importante primero definir qué objetivo se busca con el análisis: ¿se está evaluando el rendimiento de una campaña, el comportamiento de los usuarios o el tráfico en general? También se debe establecer el periodo comparativo, como una semana, un mes o un trimestre.

2. *Seleccionar el elemento que se va a analizar.* Puede ser un tipo de usuario (nuevo o recurrente), una sección específica de la web, una campaña de marketing o incluso una acción de pago (como una transacción o una suscripción).

3. *Elegir los KPI.* Los KPI son las métricas clave para tomar decisiones estratégicas. Google Analytics permite elegir hasta los cuatro o cinco KPI más relevantes, como:

   • *Sesiones.* El número de visitas al sitio.

   • *Tasa de rebote.* El porcentaje de usuarios que salen de la web tras ver una sola página.

   • *Leads.* La cantidad de usuarios que se han registrado, suscrito o han realizado alguna acción de interés.

   • *Tasa de conversión.* El porcentaje de usuarios que completaron una acción deseada, como la compra de un producto.

4. *Visualizar los datos en un dashboard.* Los datos se presentan de manera gráfica en paneles o *dashboards*, lo que facilita la interpretación de la información. Los gráficos y las tablas permiten entender rápidamente las tendencias y comparativas temporales.

El informe de detalles

Cuando se realiza un análisis profundo, se crean informes de detalles con información específica sobre las siguientes áreas (Figura 8.1):

- *Análisis de audiencia*. Datos demográficos como edad, género, ubicación geográfica, dispositivos utilizados (móvil, *desktop* o *tablet*) y el tipo de usuarios (nuevos o recurrentes).

- *Adquisición*. Los canales de tráfico, incluyendo la fuente/medio (directo, búsqueda orgánica, anuncios pagados, redes sociales, etc.) y las campañas específicas. Es crucial que se realice un etiquetado correcto para poder realizar un análisis adecuado de los resultados.

- *Comportamiento*. El recorrido de los usuarios en el sitio web, incluyendo las páginas de entrada, las páginas de salida y las que más abandono generan. También se analiza el tiempo de permanencia en cada página y los eventos realizados (como clics en botones, visualización de vídeos, etc.).

- *Consecución de objetivos*. Esta sección del informe ayuda a analizar si el cumplimiento de un objetivo está afectando a otros factores. Un aspecto importante aquí son las conversiones asistidas, es decir, cómo las interacciones previas (que no sean la última) contribuyen al logro del objetivo.

El informe de *funnel* (embudo de conversión)

Uno de los informes más utilizados en Google Analytics es el informe de *funnel* (embudo de conversión), que representa los pasos que los usuarios deben seguir para completar una acción, como una compra o una suscripción. La representación visual ayuda a entender cómo se mueven los usuarios a través de las diferentes etapas (Figura 8.2).

¿Por qué es un *must*?

1. *Fácil de entender*. Este informe presenta datos muy claros sobre cada fase del proceso.

2. *Directo*. Muestra las conversiones y las caídas en cada paso, ayudando a identificar puntos problemáticos.

Figura 8.1. Visión general de la audiencia dentro de Google Analytics

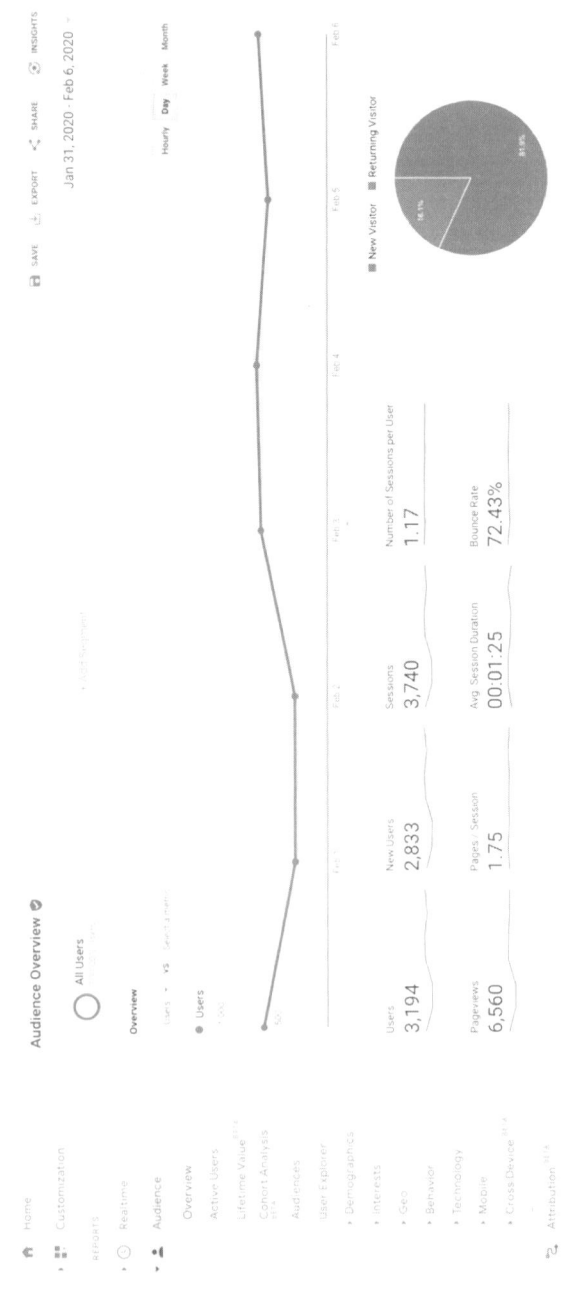

Fuente: Duò, M. (2025).

Figura 8.2. Embudo de conversión en Google Analytics 4

Fuente: Alonso, A. (2023).

Lo más importante no es el embudo en sí, sino los pasos que lo conforman. Un buen embudo de conversión permite no perder recursos en el camino y redirigirlos hacia donde realmente queremos que los usuarios finalicen la acción.

8.2.2. Segmentación: la clave del análisis

La segmentación en Google Analytics es un aspecto fundamental para entender cómo se comportan diferentes grupos de usuarios en tu sitio web. Un segmento es un subconjunto de sesiones o usuarios que comparten ciertos atributos comunes (por ejemplo, usuarios que provienen de una campaña de pago o usuarios que visitaron la misma página varias veces).

La segmentación permite realizar un análisis detallado de los diferentes comportamientos y ayudar a personalizar la experiencia para cada grupo de usuarios.

Ejemplos de segmentación:

- *Día/hora.* Analizar si el comportamiento de los usuarios cambia según el día o la hora de acceso.

- *Dispositivo.* Diferenciar el comportamiento según el dispositivo utilizado (móvil, *desktop*, *tablet*).

- *Fuente/medio.* Analizar de dónde provienen los usuarios: campañas de pago, tráfico orgánico, redes sociales, etc.

- *Ubicación geográfica / idioma.* Segmentar por el país o la región y el idioma de los usuarios.

- *Usuarios nuevos vs. recurrentes.* Analizar cómo se comportan los nuevos usuarios comparados con los recurrentes.

Una vez que se ha recopilado toda la información relevante y analizada, el informe debe ofrecer conclusiones claras y recomendaciones basadas en los datos. Estas deben incluir:

- *Recomendaciones claras* para mejorar la experiencia del usuario y optimizar el rendimiento de la web.

- *Consejos estratégicos* basados en las tendencias observadas en el análisis.

- *Puntos accionables.* Identificar áreas de mejora y las acciones necesarias para optimizar las métricas clave, como la tasa de conversión y el rendimiento de las campañas.

Recuerda que los datos son solo datos, y necesitan ser contextualizados y analizados con un enfoque estratégico para que puedan contribuir realmente a la mejora continua del sitio web.

La segmentación como herramienta para la personalización

Uno de los grandes beneficios de usar Google Analytics es la capacidad de segmentar a los usuarios y adaptar la experiencia web a sus comportamientos y necesidades específicas. Este es el primer paso hacia la personalización de la experiencia de usuario, lo cual es fundamental para aumentar la conversión y la fidelización.

8.3. Métricas y KPI

Una métrica es un sistema de medida que cuantifica una tendencia, dinámica o característica dentro de un proceso o área específica. Los KPI (*key performance indicators* o indicadores clave de desempeño) son métricas fundamentales que se usan para evaluar el rendimiento de una acción o proceso con respecto a un objetivo predefinido. A diferencia de las métricas generales, los KPI nos indican si estamos alcanzando los objetivos estratégicos de nuestro negocio.

Diferencia entre métricas y KPI:

- *Métricas.* Miden datos específicos relacionados con la actividad en una plataforma digital. No siempre están directamente vinculadas a los objetivos finales.

- *KPI.* Son métricas específicas, que tienen un impacto directo en los objetivos de negocio y sirven para indicar si se está alcanzando el éxito en una determinada área.

Por ejemplo, si una tienda *online* tiene un KPI de «ventas mensuales», este será un indicador directo de cómo la empresa está cumpliendo con su objetivo de aumentar las ventas. Sin embargo, el número de visitas a la web es una métrica, pero no es un KPI por sí solo, ya que no asegura ventas.

8.3.1. Métricas básicas: público

El análisis de tráfico es uno de los medidores de éxito más importantes para cualquier negocio digital. Sin tráfico no hay oportunidades de conversión ni fidelización. A continuación, se detallan algunas métricas clave que ayudan a conocer el comportamiento de los usuarios. Ejemplos:

- *Localización geográfica / idiomas.* Imagina que tienes una tienda *online* que vende ropa deportiva en toda Europa. Al revisar los datos de Google Analytics, observas que la mayor parte de tu tráfico proviene de España y Alemania. Esto te permite tomar decisiones estratégicas, como adaptar tus campañas de publicidad digital para enfocar más recursos en esos mercados o traducir tu sitio web al alemán para mejorar la experiencia de usuario.

- *Calidad de las visitas.* Se refiere a la profundidad con la que los usuarios interactúan con el sitio web. Por ejemplo, si tu página de inicio tiene un porcentaje de rebote del 70%, significa que muchas personas se van rápidamente sin explorar más. Esto podría indicar que la página de inicio no está captando bien la atención de los usuarios o que el contenido no es relevante para lo que buscan.

- *Dispositivos.* Saber desde qué dispositivo nos visitan (móvil, *tablet* o *desktop*) es clave para ajustar la estrategia de diseño y optimización del sitio. Por ejemplo, si la tasa de conversión desde los móviles es baja, esto podría sugerir que el sitio no está optimizado para dispositivos móviles y es necesario mejorar su diseño responsivo.

- *Flujo de usuarios.* Es importante analizar cómo los usuarios navegan por el sitio y qué caminos siguen antes de realizar una compra. Por ejemplo, si observas que los usuarios que llegan a la página de productos no pasan a la fase de pago, esto puede indicar que hay barreras en el proceso de compra (como un proceso de pago complejo o un coste de envío elevado) que deben ser abordadas.

8.3.2. Métricas básicas: adquisición

Para atraer tráfico de calidad a un sitio web, es fundamental entender de dónde proviene ese tráfico. Las métricas de adquisición nos ayudan a saber qué canales están funcionando y cuáles necesitan ajustes. Ejemplos:

- *Canales de tráfico.* Si estás ejecutando campañas en Google Ads y redes sociales, es fundamental saber de qué fuente proviene el tráfico. Por ejemplo, si Google Ads está generando más conversiones que las redes sociales, podrías decidir redirigir más presupuesto a las campañas de Google.

- *Google Ads.* Los anuncios de Google pueden ser un canal clave para atraer tráfico. La integración de Google Ads con Google Analytics te permite realizar cruces de datos entre los clics pagados y el tráfico orgánico, lo cual es útil para entender qué campañas están generando conversiones.

- *Search Console.* Esta herramienta te ayuda a evaluar las palabras clave que están llevando tráfico a tu web. Si algunas palabras clave tienen un rendimiento pobre, puedes ajustarlas o cambiar tu enfoque SEO para mejorar el posicionamiento.

8.3.3. Métricas básicas: comportamiento

Conocer cómo interactúan con el sitio web es esencial para mejorar la experiencia del usuario y aumentar las conversiones. Ejemplos:

- *Contenido del sitio.* El rendimiento de cada página individual debe ser monitorizado. Si tienes una página de aterrizaje que está recibiendo muchas visitas, pero poca conversión, esto podría indicar que la página no está diseñada de manera efectiva o que el contenido no es lo suficientemente atractivo para los usuarios. Podrías realizar pruebas A/B para cambiar la disposición del contenido y ver qué funciona mejor.

- *Velocidad de la página.* La velocidad de carga es crucial para la experiencia del usuario. Si los usuarios tienen que esperar mucho tiempo para cargar una página, es probable que abandonen antes de que se cargue. Mejorar la velocidad de carga puede reducir significativamente el porcentaje de rebote y aumentar las conversiones.

- *Eventos.* Los eventos son interacciones específicas que los usuarios realizan en tu sitio web, como hacer clic en un botón o completar un formulario. Hacer un seguimiento de estos eventos ayuda a identificar cómo los usuarios interactúan con el contenido y si están siguiendo los pasos que esperas.

8.3.4. Métricas básicas: conversiones

Las conversiones son, en última instancia, lo que todo negocio digital busca. Las métricas de conversión ayudan a evaluar el éxito de las campañas de marketing y la efectividad del sitio web. Ejemplos:

- *Tasa de conversión.* Imagina que tu sitio web recibe 1.000 visitas diarias, pero solo 30 personas realizan una compra. La tasa de conversión sería del 3%. Si esta tasa es baja, podría ser una señal de que necesitas optimizar el sitio para que sea más fácil y atractivo para los usuarios realizar una compra.

- *KPI de ventas.* Si tu objetivo es aumentar las ventas, el KPI clave podría ser el valor promedio de las transacciones. Por ejemplo, si el valor promedio de la compra es de 50 € y aumentas esa cifra a 70 €, has logrado mejorar la conversión no solo en volumen, sino también en términos de ingresos.

8.3.5. Definición de KPI

La correcta definición de KPI es crucial para dirigir el negocio. Algunos principios clave al definir KPI son:

- *Pocos pero importantes.* Los KPI deben ser simples, claros y estar alineados con los objetivos de negocio.

- *Correlación con el negocio.* Deben ser indicadores que permitan tomar decisiones y ejecutar acciones estratégicas.

- *Relevancia.* Los KPI deben estar directamente relacionados con los resultados que la empresa quiere obtener.

Por ejemplo, si el objetivo es aumentar las ventas, un KPI adecuado podría ser el valor promedio del pedido (AOV). Si este valor aumenta, significa que los clientes están comprando más productos o de mayor valor, lo que puede ser un indicador de que la estrategia de venta está funcionando.

8.3.6. Plan de medición

Un plan de medición adecuado es esencial para tomar decisiones basadas en datos. El plan debe incluir tres fases principales:

1. *Fase de auditoría.* Evaluación de los datos existentes y definición de los requerimientos de medición. Esto puede incluir la configuración de Google Analytics y otras herramientas de análisis.

2. *Fase de implementación.* En esta fase, se implementan las herramientas de medición en el sitio web, como la integración de Google Analytics, Google Tag Manager y la configuración de etiquetas y eventos.

3. *Fase de seguimiento y optimización.* Después de que los datos se recopilan, es fundamental analizarlos de manera continua para realizar ajustes y optimizar el rendimiento del sitio.

8.3.7. *Conversion rate optimization* (CRO)

La optimización de la tasa de conversión (CRO) se centra en mejorar la eficacia de las conversiones sin necesariamente aumentar el tráfico. Un buen CRO optimiza la experiencia del usuario para que los visitantes del sitio web se conviertan en clientes.

Por ejemplo, si observas que muchas personas añaden productos al carrito pero no completan la compra, podrías considerar simplificar el proceso de pago o añadir un recordatorio de carrito abandonado a través de un correo electrónico. Estas mejoras pueden aumentar la tasa de conversión de manera significativa.

El CRO se basa en la recopilación de datos y pruebas A/B para determinar qué cambios mejoran la experiencia del usuario y, por ende, aumentan las conversiones. Es un proceso iterativo que involucra la mejora continua.

8.4. Entrevista

Manuel Serra. *Responsable digital* en Servihábitat

1. ¿Cómo medir para optimizar el negocio digital?

Tras tener listo el ecosistema de medición, lo más importante es trazar una metodología de análisis, que es la que nos llevará a dibujar un plan de optimización con los puntos accionables. Se trata de sacar jugo a la información que obtenemos para ver qué cosas funcionan y cuáles no. El objetivo es trasladar los datos a decisiones que aporten valor y mejoren los resultados económicos del negocio.

2. ¿Cómo aplicar los KPI clave?

La buena elección de KPI es vital para enfocar un proceso de análisis ya que serán las métricas apropiadas para la toma de decisiones. Un KPI debe tener una acción y reacción, es decir, si se incrementa, debo saber a quién felicito y si baja, a quién pregunto. Es recomendable no fijarnos más de cuatro o cinco, los más importantes, ¡que correlacionen con el negocio y sobre todo que lo permitan activar ayudándonos u obligándonos a realizar acciones!

3. ¿Cuál es la mejor herramienta para la medición digital?

La mejor será aquella que más se adapte a las circunstancias y particularidades de tu empresa: hay condicionantes claros como el precio, la complejidad de uso o la escalabilidad de implementación. Está claro que la más usada del mundo es Google Analytics, pero no hay que obviar que ninguna herramienta hace lo que sí sabe hacer el analista digital: unificar y dar sentido a la tremenda cantidad de datos disponibles.

4. ¿Qué uso podemos hacer de los datos obtenidos?

Proporcionar respuestas a las preguntas más difíciles acerca de nuestro *site* y la actividad que hacen los usuarios. Pero al final lo que nos deben indicar es si estamos cumpliendo los objetivos. Los datos nos describen el estado de nuestro negocio digital, sin olvidarnos de que su interpretación requiere de un contexto (mercado, competidores o percepción del usuario). Insisto en que lo importante es accionar el dato con el fin de mejorar nuestros objetivos.

5. ¿Para qué sirve la analítica web?

Permite disponer de una medición para analizar e interpretar datos de comportamiento de los usuarios de una web con el propósito de desarrollar mejoras continuas en la experiencia *online* que se traduzcan en conseguir los objetivos deseados. Cabe recordar la cita de William Deming: «Sin datos solo eres una persona con una opinión».

ENRIQUE SANTIAGO. *Gerente Desarrollo de Negocio B2B2C* de Telefónica

1. ¿Qué importancia tienen los datos en el ecosistema *adtech* y *martech*

Cualquier herramienta de marketing se nutre de datos y este es el propósito del *big data* conseguir datos relacionales que permitan mejorar la comprensión de los comportamientos, de los impactos, anticipar comportamientos y en consecuencia tomar decisiones con mayor probabilidad de éxito.

2. **¿Por qué el *big data* se ha convertido en una herramienta clave para las empresas?**

La globalización del mercado ha eliminado barreras, geográficas, sectoriales o de la propia cadena de distribución; las empresas deben tener una visión mucho más amplia que su propio entorno de actuación para poder anticiparse a las oportunidades o amenazas que les puedan surgir; el *big data* puede aportar una visión mucho más amplia y por tanto más rica que los sistemas tradicionales.

3. **¿Cuál es el uso que hacen las empresas de la *business intelligence*?**

La *business intelligence* típicamente trabaja sobre datos propios de la empresa obtenidos de su propia operación, proporcionando información de seguimiento de las acciones llevadas a término, pero siempre bajo un prisma endogámico.

4. **¿Cómo cambiará el marketing digital con el *big data* y la *business intelligence*?**

Nos permitirá tener un marketing mucho más proactivo y predictivo, capaz de anticiparse y detectar de manera temprana los cambios en el mercado, los clientes o las tendencias, o los impactos en el mercado de impactos externos a su propia acción.

5. **¿Qué oportunidades ofrece el *big data* para una empresa?**

Ofrece puntos de vista distintos, pensamientos creativos y lo más importante: ofrece información para tomar decisiones y para conseguir cuestionar lo establecido y asentado de una manera empírica, es decir, el *big data* retará a las organizaciones a superarse y dará herramientas para poder ser más ágiles y disruptivos.

Capítulo 9

IA aplicada al marketing digital

La inteligencia artificial (IA) ha transformado el marketing digital, permitiendo una personalización sin precedentes, mejorando la eficiencia operativa y ofreciendo nuevos caminos para interactuar con las audiencias. Este capítulo explora las aplicaciones clave de la IA en el marketing digital, enfocándose en las herramientas, las estrategias y las tendencias emergentes que están redefiniendo cómo las marcas comunican su mensaje, optimizan sus campañas y mejoran la experiencia del usuario.

9.1. Automatización del marketing

9.1.1. *Email marketing* automatizado

La IA ha revolucionado el *email marketing*, permitiendo a las empresas crear campañas masivas personalizadas y optimizadas. Aquí algunos puntos clave:

- *Segmentación avanzada.* Los algoritmos de IA analizan patrones de comportamiento y datos demográficos para segmentar audiencias de manera más precisa. Esto permite campañas personalizadas que resuenan con cada subgrupo.

- *Optimización de horarios.* Mediante el análisis de patrones históricos de apertura y clics, la IA determina el mejor momento para enviar correos, maximizando la tasa de apertura y conversión.

- *Contenido predictivo.* La IA puede adaptar en tiempo real el contenido de un correo a los intereses del receptor, basándose en el comportamiento pasado.

Por ejemplo, Shopify utiliza IA para personalizar el contenido de *emails* según el historial de compras, lo que ha producido un aumento significativo de las conversiones (Figura 9.1).

Figura 9.1. Ejemplo Shopify

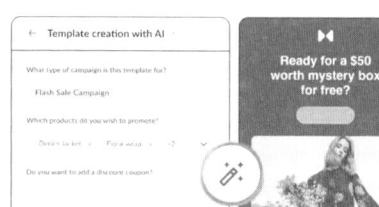

Fuente: shopify.com.

9.1.2. *Chatbots* y asistentes virtuales

Los *chatbots* basados en IA están transformando la atención al cliente y la experiencia de compra *online*:

- *Asistencia automatizada.* Los *chatbots* responden preguntas frecuentes, guían a los usuarios en sus compras y ayudan en la resolución de problemas en tiempo real.

- *Modelos avanzados.* Con avances en IA como OpenAI y Google Bard, los *chatbots* ahora son más naturales y contextuales, lo que mejora la experiencia del cliente.

- *Aplicaciones en redes sociales.* Integraciones con plataformas como WhatsApp, Messenger e Instagram proporcionan interacciones fluidas y rápidas, facilitando la compra sin salir de las plataformas sociales.

Por ejemplo, Sephora utiliza un *chatbot* llamado Sephora Virtual Artist que ayuda a los usuarios a probar productos de maquillaje en tiempo real a través de realidad aumentada o AR (Figura 9.2).

Figura 9.2. Ejemplo Sephora Virtual Artist

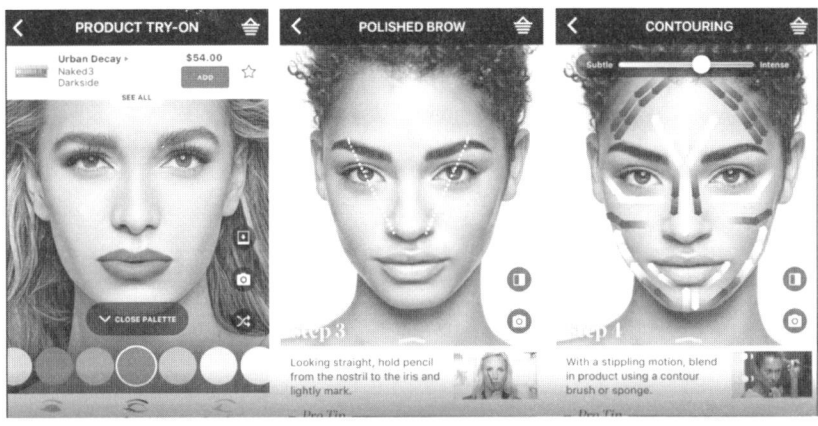

Fuente: Oanh, Vo. (2024).

9.2. Personalización en tiempo real

La personalización de la experiencia del cliente, impulsada por la IA, ha mejorado significativamente:

- *Recomendaciones de productos.* Plataformas como Amazon y Netflix utilizan IA para analizar el historial de navegación y compra de los usuarios, ofreciendo productos y contenido altamente relevantes.

- *Contenido adaptativo.* En *ecommerce* y plataformas educativas, la IA genera recomendaciones de productos, tutoriales y contenido educativo adaptado a las preferencias y los comportamientos del usuario.

Por ejemplo, *Spotify* emplea la IA para ofrecer listas de reproducción personalizadas según los gustos musicales previos, lo que aumenta el tiempo de interacción en la plataforma (Figura 9.3).

Figura 9.3. Spotify AI

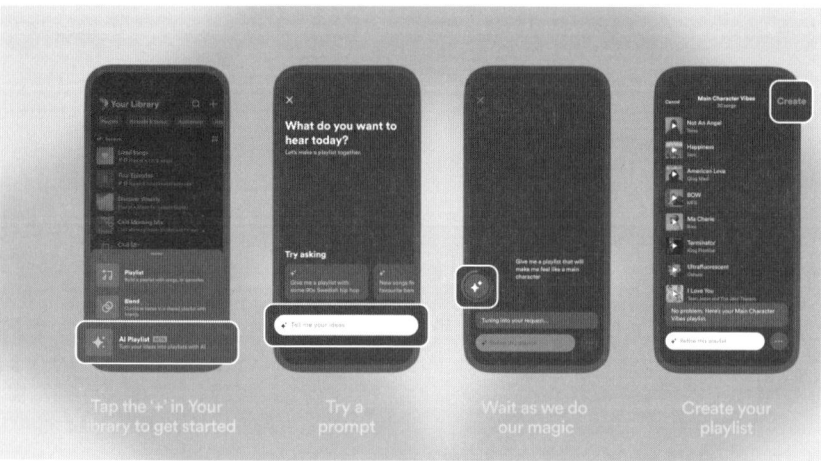

Fuente: newsroom.spotify.com.

9.3. Optimización de la experiencia del usuario (UX)

Las herramientas de IA ayudan a crear experiencias de usuario más fluidas y atractivas:

- *Herramientas como Optimizely o Dynamic Yield* optimizan el diseño del sitio web, adaptándolo a las preferencias del usuario en tiempo real.

- *Análisis del comportamiento.* Mediante mapas de calor y otros análisis, la IA puede identificar las zonas de un sitio web que captan más atención, lo que permite rediseñar las interfaces de manera más eficiente.

- *Pruebas A/B automáticas.* Las herramientas basadas en IA pueden gestionar pruebas A/B de forma más efectiva, determinando qué versiones del diseño generan más interacción.

Por ejemplo, Zalando utiliza la IA para adaptar el diseño de su plataforma a las preferencias de compra de cada usuario, lo que ha aumentado las conversiones y la retención.

9.4. Análisis predictivo y decisiones basadas en datos

La IA facilita el análisis predictivo para tomar decisiones estratégicas informadas:

- *Predicción de ventas.* Herramientas como Salesforce Einstein utilizan IA para predecir las tendencias de compra, ajustando inventarios y estrategias de marketing.

- *Identificación de clientes potenciales.* La IA segmenta y prioriza los *leads* con mayor probabilidad de conversión, lo que mejora la eficiencia de las campañas de marketing.

- *Análisis de tendencias.* La IA identifica temporadas de alta demanda, lo que permite a las marcas lanzar campañas en los momentos óptimos.

Por ejemplo, H&M utiliza la IA para predecir las tendencias de moda basadas en las preferencias de los clientes y ajusta su inventario en tiempo real para satisfacer la demanda.

9.5. Creación automática de contenido

La generación de contenido es uno de los mayores avances de la IA en el marketing digital:

- *Generación automatizada de texto.* Herramientas como Chat-GPT y Jasper producen contenido persuasivo y adaptado a audiencias específicas. Esto incluye blogs, publicaciones en redes sociales y hasta contenido largo.

- *Publicaciones en redes sociales.* La IA ayuda a generar *copies* eficaces para captar la atención en plataformas sociales.

- *Contenido largo.* En lugar de depender de redacciones manuales, herramientas basadas en IA pueden generar *ebooks*, artículos y más, optimizados para SEO.

Por ejemplo, *The Washington Post* utiliza Heliograf, su propia IA, para generar artículos y reportajes de noticias, optimizando el flujo de contenido y mejorando su cobertura (Figura 9.4).

Figura 9.4. *The Washington Post*

Fuente: Morales, M. (2023).

9.6. Generación automatizada de contenido visual

La IA también ha avanzado en la creación de contenido visual:

• *Plataformas como Canva y Runway* permiten la creación de imágenes y vídeos personalizados en segundos (Figura 9.5).

• *Deepfakes controlados.* La generación de vídeos realistas para campañas, aunque controvertida, está siendo utilizada por las marcas para crear contenido atractivo y llamativo.

Figura 9.5. *Canva Magic Design*

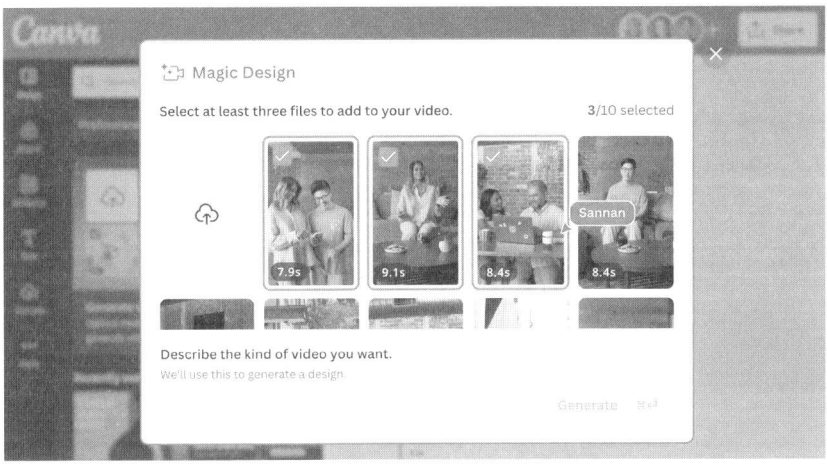

Fuente: canva.com.

9.7. Publicidad programática

La publicidad programática está optimizando la forma en que las marcas compran y colocan anuncios:

- *Dynamic Creative Optimization (DCO)*. La IA ajusta los anuncios según el perfil del usuario, creando anuncios personalizados en tiempo real.

- *Segmentación predictiva*. La IA ayuda a identificar audiencias con mayor probabilidad de interactuar con un anuncio, maximizando la eficiencia de las campañas publicitarias.

9.8. Análisis de sentimientos y monitoreo de reputación

La IA también juega un papel importante en el análisis de sentimientos y en la gestión de la reputación *online*:

- *Herramientas como Brandwatch y Hootsuite Insights* analizan comentarios en redes sociales, reseñas y menciones de marca, permitiendo gestionar la percepción pública.

- *Crisis de reputación.* Detecta menciones negativas y activa respuestas automáticas, ayudando a las marcas a reaccionar de manera proactiva.

Por ejemplo, Amazon utiliza herramientas de IA para analizar las reseñas de productos y detectar automáticamente posibles problemas, mejorando la calidad del servicio al cliente.

9.9. Ingeniería de *prompts* (*prompt engineering*)

La ingeniería de *prompts* es un área emergente que optimiza las interacciones entre humanos y modelos de lenguaje como ChatGPT (Figura 9.6):

- *Creación de prompts efectivos.* Definir claramente los objetivos al generar instrucciones precisas para obtener mejores respuestas de la IA.

- *Iteración y ajuste.* Refinar los *prompts* en función de las respuestas generadas para mejorar la calidad y relevancia de los resultados.

Figura 9.6 ¿Qué es *prompt engineering*?

¿Qué es prompt engineering?

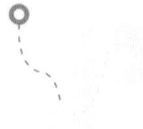

Es una disciplina enfocada en potenciar el uso de modelos de lenguaje basados en IA.

Mediante el diseño y prueba de frases o entradas.

HubSpot

Su objetivo es encontrar la ruta correcta para obtener resultados adecuados de estas tecnologías.

Fuente: Coppola, M. (2023).

9.10. Tendencias emergentes

9.10.1. Interfaces de voz

Los asistentes virtuales como Siri, Alexa y Google Assistant están cambiando la forma en que los consumidores realizan búsquedas, y las marcas deben adaptar su contenido para consultas de voz.

9.10.2. Realidad aumentada (AR) y virtual (VR)

La IA está potenciando experiencias inmersivas:

- *Pruebas virtuales.* Como simular ropa o maquillaje antes de comprar.
- *Eventos inmersivos.* Marcas como IKEA ya permiten a los usuarios ver cómo quedaría un mueble en su hogar mediante AR.

Figura 9.7. Ejemplo IA App Ikea

Fuente: ikea.com.

9.10.3. IA generativa avanzada

Herramientas como DALL-E están ampliando las posibilidades creativas, permitiendo la creación de contenido visual con simples descripciones textuales, lo que da lugar a un diseño completamente nuevo y personalizado.

9.11. Implicaciones éticas de la IA en el marketing digital

A medida que la IA se integra más en el marketing digital, surgen varios desafíos éticos:

- *Privacidad y uso de datos.* Las marcas deben asegurarse de cumplir con regulaciones como GDPR al manejar datos sensibles de los usuarios.

- *Transparencia y responsabilidad.* Las empresas deben ser claras sobre cómo utilizan la IA, especialmente en áreas como la personalización y la automatización.

- *Desinformación generada por IA.* El uso de *deepfakes* y contenido automatizado plantea preocupaciones sobre la propagación de desinformación.

9.12. Retos en la implementación de la IA en el marketing digital

La integración de la IA en las estrategias de marketing digital no está exenta de retos:

- *Calidad de los datos.* La IA depende de grandes volúmenes de datos de alta calidad, lo que puede ser difícil de obtener.

- *Costes de implementación.* Implementar soluciones de IA avanzadas puede ser costoso para pequeñas empresas.

- *Integración de sistemas.* La integración de la IA con plataformas existentes puede ser desafiante, especialmente para empresas que no cuentan con infraestructura tecnológica adecuada.

Bibliografía

AEPD (2023). Internet y redes sociales. *AEPD*. Disponible en https://www.aepd.es/areas-de-actuacion/internet-y-redes-sociales

— (2025). Publicidad no deseada. *AEPD*. Disponible en https://www.aepd.es/areas-de-actuacion/publicidad-no-deseada

ALET, J. (2004). *Cómo obtener clientes leales y rentables (Mkt Relacional)*. Gestión 2000.

ALONSO, A. (2023). Embudos de conversión en Google Analytics 4. *Guiometrics*. Disponible en https://www.guiometrics.com/blog/ga4/embudos-de-conversion-en-ga4

BARDEN, P. (2013). *Decoded: The Science Behind Why We Buy*. Wiley.

BOLUDA, J. (2016). *En cien años todos muertos: Guía para emprender o morir… sin haberlo hecho*. Conecta.

BRACE, I. (2018). *Questionnaire Design. How to Plan, Structure and Write Survey Material for Effective Market Research*. Kogan Page Publishers.

CALCÁNEO, I. (2025). El community manager idóneo: quién es y cómo elegirlo. *Mailclick*. Disponible en https://www.mailclick.com.mx/community-manager/

CAMARENA, A. (2023). Plan de contenidos: cómo crearlo, paso a paso. *Semrush*. Disponible en https://es.semrush.com/blog/como-crear-plan-contenidos/

CARRERAS, R. (2019). *Triunfar en Google 2020: Todos los consejos prácticos y secretos de posicionamiento en buscadores (SEO) que Google no quiere que sepas (Claves digitales)*. Iberanálisis.

CASTRO ABANCENS, I. (2016). *De la start-up a la empresa*. Pirámide.

CHAFFEY, D. (2008). *Guía de los fundamentos de la dirección de proyectos*. Project Management Institute.

— (2013). *Digital Business and ecommerce Management*: Pearson.

— (2016). *Digital Marketing: strategy, implementation and practice*. Pearson.

CHIEAS, C. (2009). *CRM Las cinco pirámides del marketing relacional*. Deusto.

CLARK, R. (2015). *Product Research 101: Find Winning Products to Sell on Amazon and Beyond*. Dilettante Living.

COOKIEBOT (2022). Aviso de Cookies – al frente de la transparencia digital. Cookiebot.com. Disponible en https://www.cookiebot.com/es/aviso-de-cookies/

COPPOLA, M. (2023). ChatGPT: qué es, cómo usarlo, ventajas y ejemplos. *HubSpot*. Disponible en https://blog.hubspot.es/website/prompt-engineering

DAVENPORT, T. H., HARRIS, J. G. y MORISON, R. (2010). *Analytics at Work: Smarter Decisions, Better Results*. Harvard Business Review Press.

DEAN, B. (2025). Search intent. *Backlinko*. Disponible en https://backlinko.com/hub/seo/search-intent

Duò, M. (2025). ¿Cómo usar Google Analytics? (Configuración, informes, modelos de atribución y más). *Kinsta*. Disponible en https://kinsta.com/es/blog/como-usar-google-analytics/

Fortune (2024). The era of free money is over, and unicorns are paying the price. *Fortune*. Disponible en https://fortune.com/2024/01/25/free-money-era-over-unicorn-unicorpse-fortune-cover/

Franzolini, D. (2025). 27 ejemplos de *email marketing* destacados. *HubSpot*. Disponible en https://blog.hubspot.es/marketing/ejemplos-email-marketing

Gates, B. (1999). *Los negocios en la era digital*. Plaza y Janés.

Godin, S. (2018). *This Is Marketing*. Penguin.

Goodman, E., Kuniavsky, M. y Maed, A. (2012). *Observing the User Experience: A Practitioner's Guide to User Research*. Morgan Kaufmann Publishers.

Goodwin, T. (2018): *Digital Darwinism*. Kogan Page.

Gorostiza, I. y Barainca, A. (2016). *Google Analytics. Mide y vencerás*. Anaya Multimedia.

Gothelf, J. (2016). *Lean UX: Designing Great Products with Agile Teams*. O'Reilly.

Hart, D. (2019). La guía definitiva para hacer A/B testing en tus campañas de *email marketing*. Mailjet. Disponible en https://www.mailjet.com/es/blog/emailing/tests-ab-email-marketing/

Holiday, R. (2001). *The Obstacle Is The Way*. Profile Books.

Hollenbeck, A. S. (2025). El modelo AIDA: una fórmula mágica del marketing. *Pipedrive*. Disponible en https://www.pipedrive.com/es/blog/modelo-aida

Horowitz, B. (2014). *Emprender y liderar una startup*. Libros de Cabecera.

IAB (2015). *Guía legal: regulación básica del comercio electrónico*. IAB Spain. Disponible en https://iabspain.es/estudio/guia-legal-regulacion-basica-del-comercio-electronico/

Kaushik, A. (2010). *Analítica web 2.0. El arte de analizar resultados y la ciencia de centrarse en el cliente*. Ediciones Gestión 2000.

Kawasaki, G. y Fitzpatrick, P. (2014). *El arte del social media*. Penguin.

Keyes, D. (2018). *The Rule-breaker's Guide to Social Media*. DKPublishing.

Kingsnorth, S. (2019). *Digital Marketing Strategy: An Integrated Approach To Online Marketing*. Kogan Page.

Knapp, J. (2016). *Sprint: El método para resolver problemas y testar nuevas ideas en solo cinco días*. Conecta.

Knight, P. (2019). *Shoe Dog: A Memoir by the Creator of Nike*: Simon & Schuster/Paula Wiseman Books.

Kotler, P. (2012). *Los 10 pecados capitales del marketing*. Gestión 2000.

Kotler, P., Kartajaya, H. y Stiawan, I. (2018). *Marketing 3.0. Cómo atraer a los clientes con un marketing basado en valores*. LID Editorial Empresarial.

Krug, S. (2000). *No me hagas pensar: Una aproximación a la usabilidad en la web*. Prentice Hall.

Levitin, D. (2016). *A field guide to lies and statistics*. Dutton.

Lewis Gaddis, J. (2018). *On Grand Strategy*. Penguin Books.

Liberos, E., Ahumada, S. y Sánchez, M. (2024). *Inteligencia artificial para el marketing*. ESIC Editorial.

Licari, S. (2023). Descubre las 4 E del marketing y cómo aplicarlas en los negocios. *HubSpot*. Disponible en https://blog.hubspot.es/marketing/4e-del-marketing

Maciá, F. (2015). *SEO: Técnicas avanzadas. Las claves para ser los primeros*. Anaya Multimedia.

Master Marketing (2019). ¿Qué es el SEM y cómo crear campañas efectivas? *Master Marketing*. Disponible en https://www.mastermarketing-valencia.com/marketing-digital/blog/que-es-sem-como-crear-campanas/

Master, D. (2023). Razones por las que comenzar a aprender diseño UX/UI. *Master.D*. Disponible en https://www.masterd.es/blog/estudiar-ux-ui-design

McDonald, J. (2020). *Google Ads (AdWords) Workbook: Advertising on Google Ads, YouTube, & The Display Network*. JM Internet Group.

Metricool (2025). New Social Media Trends in 2025. *Metricool*. Disponible en https://metricool.com/social-media-trends-2025/

Minyana, L. (2023). Qué es la fidelización del cliente: ventajas y estrategias para lograrla. *Inboundcycle.com*. Disponible en https://www.inboundcycle.com/diccionario-marketing-online/fidelizacion-clientes

Modelo innovador de gestión (2016). Crossumer y prosumer, la potencia viral de Internet. *Modelo innovador de gestión*. Disponible en http://climalaboralycomunicacion.blogspot.com/2016/05/crossumer-y-prosumer-la-potencia-viral.html

Morales, M. (2023). El poder de la inteligencia artificial: Cómo The Washington Post y Netflix están redefiniendo el marketing digital. *Medium*. Disponible en https://medium.com/@marisaidamorales/el-poder-de-la-inteligencia-artificial-c%C3%B3mo-the-washington-post-y-netflix-est%C3%A1n-redefiniendo-su-16ed935d1f7a

Muñoz, G. y Elósegui, T. (2011). *El arte de medir: manual de analítica web*. Bresca.

Navarro, E. (2013). *Marketing jurídico*. Tirant lo Blanch.

Oanh, Vo. (2024). Evolving Landscape Of E-Commerce, Marketing, and Customer Service: the Impact of AI Integration. *Journal of Electrical Systems*. 20. 1125-1137. 10.52783/jes.1426.

Orús, A. (2024). Marketplaces online - Datos estadísticos. *Statista*. Disponible en https://es.statista.com/temas/8431/marketplaces-online/#topFacts

Pavlik, V. (2023). ¿Qué es el SEO? (Guía de conceptos básicos). *Semrush Blog*. Disponible en https://es.semrush.com/blog/que-es-seo/

Peppers, D. y Rogers, M. (2005). *Return on customer*: Doubleday.

PMI (2014). *Gestión de requisitos. Una competencia esencial para el éxito de proyectos y programas*. Project Management Institute. Disponible en https://www.pmi.org/-/media/pmi/documents/public/pdf/learning/thought-leadership/pulse/requirements-management.pdf

Price, B. y Jaffe, D. (2008). *The Best Service is No Service: How to Liberate Your Customers from Customer Service, Keep Them Happy, and Control Costs*. HB Printing.

Pulizzi, J. (2014). *Epic content Marketing*. McGraw Hill.

Raja, A. (2021). Why do companies need to be more consumer-centric than brand-centric? Wadhwani Foundation. Disponible en https://wadhwanifoundation.org/press/why-do-companies-need-to-be-more-consumer-centric-than-brand-centric/

RIBAS, A. (2022). ¿Qué es el índice de satisfacción del cliente (CSAT)? *Cyberclick*. Disponible en https://www.cyberclick.es/que-es/indice-de-satisfaccion-del-cliente-csat

RIES, E. (2013). *El método Lean Startup*: Deusto.

ROCKCONTENT (2021). Qué son los *stakeholders*, qué tipos existen y de qué manera impactan a una empresa. *Rockcontent.com*. Disponible en https://rockcontent.com/es/blog/que-es-un-stakeholder/

RODRÍGUEZ ARDURA, I. (2014). *Marketing digital y comercio electrónico*. Pirámide.

ROGERS, D. L. (2016). *The Digital Transformation Playbook: Rethink Your Business for the Digital Age*. Columbia Business School Publishing.

ROJAS, P. y REDONDO, M. (2015). *Cómo preparar un plan social media marketing: En un mundo que ya no es 2.0*. Planeta.

SALLERAS, A. (2024). Marketplaces: tipos, características y beneficios. *NeoAttack*. Disponible en https://neoattack.com/blog/tipos-de-marketplaces/

SANAGUSTÍN, E. (2013). *Marketing de contenidos*. Social Business.

SCAGLIA, J. (2019). *Google AdWords for Beginners. The Definitive Guide to PPC Advertising. Create your passive income, increase your sales, and expand your business with Google and YouTube ads*. Autoedición.

SEMRUSH (2023). Long-Tail Keywords: What They Are & How to Use Them in 2025. *Semrush*. Disponible en https://www.semrush.com/blog/how-to-choose-long-tail-keywords/

SHARP, B. (2016). *How brands grow*. Oxford.

SIXTO GARCÍA, J. (2016). *Fundamentos de marketing digital*. Comunicación Social.

SOLÉ, M. L. y CAMPO, J. (2025). *Social media marketing*. ESIC Editorial.

STONE, B. (2014). *The Everything Store: Jeff Bezos and the Age of Amazon*. Autoedición.

SYDLE (2024). ¿Qué es CRM integrado? Aprende a mejorar la relación con tus clientes. *Sydle*. Disponible en https://www.sydle.com/es/blog/crm-integrado-61f04bb5f41fbf069e368d6c

WALKER, J. (2014). *Best for Launch: An Internet Millionaire's Secret Formula*. MJ.

WIDE-MARKETING (2021). Qué es y cómo construir una buyer persona para acertar con tu estrategia de marketing. *Wide-marketing.com*. Disponible en https://www.wide-marketing.com/como-construir-buyer-persona/

WILLIAMS, A. (2018). *SEO 2019: Actionable, Hands-on SEO, Including a Full Site Audit*. Autoedición.